L'ART PRATIQUE

DU TAPISSIER

L'ART PRATIQUE

DU TAPISSIER

PAR

JULES VERDELLET

TAPISSIER-DESSINATEUR,

Professeur de coupe, Fondateur de l'école moderne du Tapissier

AUTEUR DU MANUEL GÉOMÉTRIQUE DU TAPISSIER

OUVRAGE PUBLIÉ AVEC L'APPROBATION

et sous les auspices

DE LA CHAMBRE SYNDICALE DES TAPISSIERS DE LA VILLE DE PARIS

Série

SE VEND A PARIS :

CHEZ L'AUTEUR, Boulevart Beaumarchais,

ENTRÉE RUE SAINT-CLAUDE, 8

Chez les principaux Éditeurs pour Tapissiers

et les marchands d'Ornements

1871

AVANT-PROPOS

Depuis l'apparition du *Manuel géométrique du Tapissier*, l'art du décor a subi une transformation notable en ce qui concerne l'exécution des tentures; les principes de coupe que renferment cette Méthode s'appliquent à toutes les formes de draperies et tentures imaginables, sans doute, mais encore faut-il que le dessin proposé représente une composition suffisamment raisonnée et applicable pour que les effets dans l'exécution puissent être identiques au dessin accepté.

Parmi les Tapissiers très-capables, quelques-uns seulement ont publié leurs compositions; à côté de cela, plusieurs excellents dessinateurs très-habiles ont publié des dessins dont la plupart ne pouvaient donner d'heureux résultats par l'exécution. Tout en reconnaissant leur zèle dans leurs recherches, nous sommes autorisés à dire que, manquant totalement de la connaissance du possible dans l'art du décor, une infinité de détails qui constituent les ressources de la nouveauté leur échappent forcément.

C'est donc dans la ferme espérance de combler cette lacune importante que nous offrons cette publication aux personnes qui s'occupent d'ameublement sérieux.

Qu'on nous permette de rappeler que nous avons déjà fait nos preuves sur la conscience de nos recherches lorsqu'il s'agit de publication; deux éditions successives de notre Manuel et l'honneur *sans profit* d'une contrefaçon en Allemagne sont autant de gages du bienveillant accueil que nous espérons pour cette nouvelle publication qui vient aujourd'hui compléter le *Manuel géométrique du Tapissier*, lequel, à cause de son but spécial de démonstration, ne contient que des dessins-élémentaires généralement simples pour démontrer les principes fondamentaux de la méthode de coupe, et quelques-uns plus compliqués pour servir à l'application de ces mêmes principes aux difficultés que l'on rencontre quelquefois dans l'exercice de coupeur ; en ce cas, et pour atteindre notre véritable but, le goût a été souvent sacrifié à l'exemple dans le choix des dessins qui figurent dans cet ouvrage.

Dans cette nouvelle publication, et sous ce titre : *l'Art pratique du Tapissier*, nous nous sommes imposé la tâche de n'offrir à nos souscripteurs que des types sérieusement étudiés sous le rapport du goût, des proportions et du style. L'ensemble des séries qui se succéderont formera un cours complet de décoration, en ce qui concerne le meuble et la tenture, dans lequel nous traiterons aussi de l'harmonie des couleurs dans l'ameublement, lorsque nos séries seront assez riches d'exemples pour pouvoir établir des points de comparaison et appuyer nos observations par un nombre suffisant de planches que nous livrerons coloriées sur la demande de nos souscripteurs.

Le mode de publication par série de douze feuilles, n'engageant le souscripteur que pour un petit nombre de feuilles, est une garantie morale de la persévérance que nous mettrons à mériter leur confiance ; tel est le but que nos efforts tendront toujours à atteindre.

Jules VERDELLET.

Sous la Restauration, Osmont publia des modèles de décoration pour croisées et lits, inspirés de ces grandes draperies que l'on commença à exécuter sous le premier Empire et que l'on continua jusque vers la fin du règne de

Charles X. Ce genre de draperies, très-majestueux par ses formes, était, et surtout dans les derniers temps, coupé sans méthode, la pose en devenait très difficultueuse (nous prenons à témoin les praticiens de cette époque), par la quantité d'étoffe que l'on donnait aux villiers; nous avons vu quelquefois pour un lit carré donner 35 morceaux d'étoffe, sans autre préparation qu'un léger arrondi dans le bas, auquel était cousu la bordure et la frange, de sorte que ce travail n'obtenait un bon résultat que lorsqu'il tombait entre les mains d'un ouvrier ayant non-seulement de l'expérience, mais encore du goût, ou quand ces draperies étaient coupées par la méthode dont se servaient Osmont, Alavant, Collette et Burette, elles obtenaient alors toute la splendeur et la grâce des plus beaux types de décoration.

Autrefois, le grand seigneur seul faisait décorer son appartement, la grande dimension des croisées permettait l'exécution des draperies dont nous venons de parler, elles étaient même nécessaires à la proportion de la décoration; mais plus tard, lorsque l'industriel et le commerçant enrichis prirent le goût du confortable en s'alliant à la noblesse sous Louis-Philippe, le luxe s'étendit considérablement à cette classe et devint par la suite une nécessité même pour le simple bourgeois. La dimension des appartements de la bourgeoisie n'étant plus la même, donna naissance à la mode de choses plus simples, tels que les rideaux ordinaires ou à bordures montées sur des bâtons plus ou moins riches, ou des galeries à franges, mode fâcheuse en raison de ce qu'elle fit passer en d'autres industries les recherches et le travail dont nous n'étions plus que les vendeurs; ne nous étonnons donc pas que le savoir ait périclité chez nous à cette époque et soit resté si longtemps stationnaire au point de vue de l'art.

La garniture des siéges fit cependant quelques progrès par l'introduction du capitonnage dont on a quelquefois abusé en l'appliquant à des siéges dont le style y était complétement étranger.

Depuis Osmont jusqu'à ce jour, nous n'avons pas eu, ou presque pas, de publications sérieuses en matière de décoration intérieure qui aient été faites ou dirigées par des tapissiers; nous pouvons dire à ce sujet que, malgré les efforts et le talent des dissinateurs non tapissiers qui en ont fait, il en est trop qui brillent par le dessin, mais dont l'exécution est impossible ou tout au moins d'un résultat peu satisfaisant; de sorte que rien de gracieux, qui soit en même temps exécutable, ne pouvait meubler l'imagination des jeunes praticiens, épurer leur goût et guider leurs recherches par la connaissance du possible en matière d'exécution dans le décor; ils manquaient également de renseignements relatifs aux proportions qui sont à l'œil ce que l'intonnation est à l'oreille. Une personne de sens délicat, quoique illettrée dans l'architecture comme dans la musique, souffrira autant de voir une colonne corinthienne n'ayant pas le nombre voulu de modules que d'entendre une gamme mal chantée, sans pour cela pouvoir dire le nombre de modules qui manqueraient à la colonne ni déterminer la valeur de la dissonnance de la gamme faussée.

Aujourd'hui l'instruction professionnelle commence à être mieux comprise; la publication du *Manuel géométrique du Tapissier* ayant donné des principes de coupe basés sur la géométrie, et des cours donnés par l'auteur ont répandu par l'émulation le goût de l'étude qui commence à poindre parmi les jeunes gens de l'école moderne des tapissiers qui avaient fait tant d'opposition aux applications de la science.

Ce progrès si longtemps attendu, donnera un nouvel essor à notre art, et cette publication, qui complète notre œuvre première, donnera, nous l'espérons, de bonnes applications par des types simples et riches de tous les styles sérieusement étudiés, sous les rapports des proportions, de la grâce et de l'exécution.

PREMIÈRE SÉRIE

Planche I

—

FAUTEUILS, GENRE GONDOLE

Garniture à rampe et devantures capitonnées

EMPLOIS ET DIMENSIONS DES BOIS NUS.		NUMÉROS PAR GRANDEUR.			
		1	2	3	4
BOIS Modèle LAURIOL, fabricant, r. St-Maur, n° 54.	Hauteur des dossiers....	0.69	0.80	0.83	0.95
	Renvers des dossiers....	0.09	0.15	0.19	0.24
	Écartement des crosses..	0.75	0.77	0.79	0.79
	Largeur des siéges......	0.58	0.60	0.63	0.63
	Profondeur des siéges....	0.60	0.62	0.65	0.66
ÉTOFFES Il y aurait économie à faire sur ces emplois si l'on coupait deux fauteuils au lieu d'un.	Damas de Lyon / (0.54)	4.60	5 »	5.40	5.80
	Velours........ (0.60)	4.25	4.40	4.80	5 »
	Cretonne....... (0.80)	3.80	4 »	4.15	4.30
	Reps de soie... (1.20)	2.30	2.40	2.50	2.60
	Reps de laine.. (1.30)	2.20	2.30	2.40	2.60
	Maroquin grande dim^on ..	5 1/2	6 »	6 »	6 1/2
PASSEMENTERIE	Frange	2 »	2 »	2.10	2.15
	Lézarde ou biais........	2.20	2.35	2.60	2.70
HOUSSES	Simple étoffe en 80 cent ..	4.45	4.20	4.30	4.50
	A volants..............	4.45	4.60	4.70	4.90

(Les valeurs de la colonne centrale indiquent la « Largeur des lés ».)

NOTA.— Les emplois d'étoffe ci-dessus sont comptés sans tenir compte des portes que pourront nécessiter les raccords ou les pentes forcées.

Pour les fauteuils couverts en cretonne, il faut ajouter à l'emploi ci-dessus 80 centimètres d'étoffes pour bavolets (ou volants), et compter un supplément de lézarde égal au métrage de la frange.

Planche II

N° 1. CROISÉE A BATON. — N° 2. CROISÉE A TÊTE FLAMANDE.

Le dessin n° 1 représente une croisée garnie de rideaux de reps avec larges bordures en tapisserie ou imitation. Ces rideaux sont montés avec de gros anneaux à appliques sur bâton cannelé doré, supporté par des consoles également en bois doré.

Cet arrangement, simple dans son principe, a toute la richesse d'une belle simplicité quand l'on met une certaine recherche dans l'ornementation, comme le représente ce dessin ; les anneaux à appliques de la maison Bordeaux (1) augmentent beaucoup la richesse de cette décoration ; ces anneaux sont tout en cuivre fondu et d'un assez grand diamètre, sur lequel est une feuille d'ornement à laquelle correspond une applique à modillon qui se place sur les plis des rideaux et qui a toute l'apparence de les retenir fortement comme on le voit sur le dessin n° 1.

Pour fixer cet anneau à applique on dévisse la rosace cachant des trous qui y sont pratiqués et au moyen desquels on fixe très-solidement l'applique sur le pli du rideau, après quoi on remet la rosace telle qu'elle doit rester ; cette nouveauté pourrait avoir de beaux succès si nous étions encore à ce temps où le rideau simple était généralement préféré aux différents genres de décors que l'on fait à notre époque. L'ornementation des bâtons concorde parfaitement aux rideaux sur lesquels on applique des bordures qui forment toujours un encadrement très-agréable à l'œil lorsqu'on a le bonheur de savoir bien harmoniser les couleurs du fond de la bordure avec le fond du rideau que l'on varie presque toujours. Ces bordures ont le double avantage de relever la monotonie des rideaux unis comme les teintes

(1) Bordeaux, fabricant d'Ornements, 12, rue Saint-Sauveur.

mates des reps de laine surtout, et de faciliter le moyen d'augmenter l'ampleur des rideaux en plaçant la bordure sur le côté du lé. Il est de toute nécessité que les rideaux de reps avec bordure au bord, soient non-seulement doublés, mais encore molletonnés et, si l'on veut obtenir une parfaite confection pour ce genre de rideaux, il faut d'abord égaliser les épaisseurs de la bordure et du fond du rideau qui peut être en reps ou en tout autre étoffe moins épaisse et moins forte, en molletonnant d'abord l'étoffe qui forme le fond du rideau, ayant soin d'en remplier les bords en dessous du molleton, en la fixant par un point croisé (dit point de chausson), de manière à ce que les bords soient parfaitement droits sur les côtés où la bordure doit être cousue. Il faut également former le rempli de la bordure de manière à ce qu'il se tienne également droit, préparer et coudre par avance les angles de la bordure que l'on coudra en rentré sur le bord de l'étoffe. Il faut aussi doubler la bordure d'une bande de cotonnade légère pour que, sous la transparence de la doublure, l'envers du rideau soit de même nuance dans toute sa largeur. La bordure étant cousue de cette manière, on terminera le rideau par la méthode ordinaire ; ainsi préparé il se tiendra parfaitement droit en surface plane, et les plis dans le drapé se formeront sans anticiper les uns sur les autres ; c'est pour cela qu'il faut toujours éviter dans un rideau des parties épaisses à côté de parties minces qui disparaîtraient dans les plis, à l'endroit de l'embrasse, par exemple.

Nous ne donnons pas ici l'emploi de l'étoffe, parce qu'il est d'abord subordonné à la hauteur que l'on doit donner aux rideaux. Quant à l'ampleur que doivent avoir les rideaux représentés par les deux types de cette planche, ce sont justement ceux qui en exigent le plus, en raison de ce que le haut des plis est plus en évidence que dans tout autre genre de décoration de croisée ; un lé de 1.20 avec bordure rapportée peut suffire pour ce rideau. Lorsqu'il y a une draperie, un lambrequin ou un bandeau quelconque qui cache le haut du rideau et dissimule le peu d'ampleur qu'il peut y avoir à la naissance

des plis l'on met rarement plus d'un lé, à moins que les retours
soient d'une grande dimension

CROISÉE (Dessin N° 2) GARNIE DE RIDEAUX A TÊTES
A GOBELETS, DITES FLAMANDES.

Montés de cette manière, les rideaux sont très-gracieux,
quoique très-simples dans leurs principes, ils peuvent recevoir
beaucoup d'ornementations en passementerie et devenir très-
luxueux, mais la grâce de ces rideaux consiste moins dans
l'ornementation que dans la manière de les monter. Les principales conditions à observer sont une ampleur convenable et
que les gobelets qui forment le haut des plis soient tenus
toujours verticalement. La hauteur des gobelets est presque
toujours de 0.12 c., on peut leur donner 0.14 c. pour des
appartements de 4 à 5 mètres de haut, le volume du haut
forme un développé à peu près égal à sa hauteur, en conséquence l'ampleur des gobelets ordinaires est de 0.12 c.

Si l'ampleur du rideau ne correspondait pas à peu près à
l'ampleur exigée pour les gobelets, il faudrait rapporter la tête
dont la jonction avec le rideau est toujours cachée par la ganse
qui est cousue dessus et qui est censée nouer le pli en cet endroit
pour le serrer; le nœud que l'on fait sur le pli en forme le plus
souvent l'ornementation, mais il est souvent remplacé par un
nœud de passementerie imitant le ruban ou une petite cartizanne
en remplissage, on peut encore dans des cas luxueux mettre
des guirlandes entre chaque pli, nouées par deux petits glands
ou tout autre fantaisie artistique. Arrivés à ce point, les rideaux
à tête flamande sont du plus grand luxe, mais on ne peut
cependant mettre autant de coquetterie qu'à des portières ou
croisées de boudoir garnies de rideaux faits avec des étoffes
très-légères comme effet, tel que du lampas pompadour,
satin, etc.....

Les rideaux à têtes flamandes se mettent souvent aux croisées des chambres à coucher, lorsque la distance de l'ouverture des fenêtres aux corniches ne permet pas d'y mettre d'autres décorations; mais ce genre de rideaux ne convient parfaitement qu'aux portières, en raison de ce que ce genre de tête supprime les galeries bois doré ou autres qui sont toujours très difficiles à bien motiver au-dessus d'une porte.

Les rideaux à têtes flamandes prennent un caractère sérieux lorsque, par exemple, dans un salon richement décoré, où il faut respecter avant tout les ornements de l'architecture, ces rideaux sont ajustés dans l'intérieur du chambranle de la porte, les étoffes que l'on emploie alors pour ces portières sont toujours très-meublantes, l'ornementation des têtes doit être très-simple, la ganse en bas de la tête et des cartizannes sur chaque pli suffisent.

Pour compléter le bon effet des têtes flamandes il faut que la passementerie forme moulure autour du haut du gobelet, c'est pour cette raison que, quelle que soit la crête qui entoure les rideaux, l'on met une géroline à biais dans le haut de la tête; si l'on veut faire des économies, une simple ganse peut remplacer la géroline à biais. Comme nous l'avons déjà dit, il est de toute nécessité que ces plis soient toujours tenus verticalement, pour cela il faut monter les rideaux et les gobelets sur une fausse tête en toile ferme, mettre deux rangées d'anneaux et double tringle. *Voir le Manuel géométrique du Tapissier, pl. XVI, 1ʳᵉ Édition; pl. XVIII, 2ᵉ Édition; on trouvera de plus amples renseignements sur la préparation de* ces têtes dans le texte explicatif de la même planche, afin d'éviter autant que possible la dureté des tirages quand on veut ouvrir ou fermer ce genre de rideaux.

Si l'on voulait faire galber les intervalles comme l'indique légèrement le dessin n° 2, il faudrait nécessairement séparer la tête et couper le haut du rideau, comme l'indiquent *les figures 6, 7 et 8, pl. XV (des tentures grecques) du Manuel géométrique, 2ᵉ Édition,* dans ce cas il faudrait que les plis soient un peu plus distancés pour que le drapé se fasse mieux sentir.

Planche III

CROISÉE A GALERIE AVEC FRANGES.

Ce genre de décoration convient à n'importe quelle pièce d'un appartement, il n'y a que la plus ou moins grande simplicité ou richesse des galeries qui désigne leur emploi ; elles sont ordinairement en bois naturel, verni ou ciré pour les chambres à coucher, salles à manger, cabinets de travail; en bois doré pour salon, boudoirs, salles de jeux et de bals. Ces désignations ne peuvent se faire d'une manière absolue, c'est l'ensemble de l'ameublement et le différent style des pièces qui commande comme harmonie ; comme nous l'avons déjà dit, cette mode qui dura trop longtemps amena pour ainsi dire la stagnation des recherches du tapissier qui n'eut pas grand frais d'imagination à faire pour se tenir à hauteur de ses concurrents, puisque toute l'importance d'un décor de croisée ou de lit consiste dans la forme ou la sculpture de la galerie ou du châssis de lit, et dans le talent du passementier.

La galerie est incontestablement de la plus grande importance dans l'ornementation du décor, c'est par elle surtout que nous pouvons le mieux fixer le caractère et suivre le style de l'appartement dans nos décors de croisées.

Nous ne faisons pas de réclames dans le cadre de cette publication, mais nous nous faisons un devoir d'ouvrir nos pages de séries à tout fabricant qui nous montrera des types convenables pour tout ce qui concerne la décoration intérieure des appartements. Nous offrons la même facilité à nos confrères pour les compositions qu'ils voudraient publier (1).

Nous laissons le droit à nos souscripteurs de faire exécuter, par qui bon leur semblera, les types de galeries qui sont sans indication et composés par nous spécialement pour le décor

(1) Nous publierons les noms et l'adresse de ces fabricants dans le texte qui ne peut être consulté que par des praticiens, attendu que les planches vendues séparément n'auront pas de texte.

représenté. Nous nous chargerons nous-mêmes au besoin de fournir, sur commission couverte, et de faire exécuter tous les ornements et accessoires qui concernent notre industrie, par ce moyen nos souscripteurs ou commettants seront assurés que leurs commandes seront bien interprétées.

ORNEMENTATION PAR LES FRANGES.

Les franges qui garnissent ces galeries forment des bandeaux dont la proportion varie suivant leurs formes. Les franges unies par exemple peuvent être basées sur une proposition de 0,07 ou 0,08 centimètres par mètre de la hauteur de la croisée. Plus la croisée est haute, plus on peut charger la proportion. Si ces mêmes franges étaient ornées de guirlandes formant feston on pourrait facilement leur donner 1 centimètre de plus par mètre, parce que l'effet de ces festons occupe l'œil et rend la frange moins lourde en apparence. Les franges-guipures se doublent toujours avec un bandeau d'étoffe pour en faire valoir toute l'importance.

Nous donnons comme types nᵒˢ 2 et 3 des bandeaux de frange chenille dont l'effet merveilleux nous la fait considérer comme un chef-d'œuvre de fabrication ; cette frange d'une grande souplesse se fabrique tout laine, tout soie ou laine et soie ; chaque brin, d'une grosseur environ un centimètre, se fait séparément de longueur différente composé des couleurs que l'on veut ; l'inventeur fait ses brins veloutés ou bouclés, de sorte qu'il peut, par cette ingénieuse invention, faire les dessins que l'on désire en imitant le point de tapisserie. Nous ne pouvons rendre qu'imparfaitement l'effet de cette frange qui rend de très-grands services au point de vue décoratif, considérée isolément comme elle est représentée par le dessin *fig.* 2. Elle meuble suffisamment le haut d'un store dont elle cache l'armature au moyen d'un lambrequin formé par la frange seule ; notre lecteur peut remarquer par la donnée de ce lambrequin que l'on peut faire bien des dispositions différentes toujours très-décoratives, et que l'on peut tirer le meilleur parti de cette heureuse combinaison, qui consiste à colorer les brins qui se font séparément aux différentes hauteurs et de manière à ce que ces brins, réunis à leur place respective, reproduisent le dessin que l'on a voulu faire.

On aura une juste idée de l'effet de cette frange si l'on se figure une bordure à dessin de couleurs très-variées qui ne serait qu'une jolie pochade.

L'inventeur de cette frange est M. GUERINOT (1), qui a fait faire de véritables progrès sur plusieurs autres articles de la passementerie pour meubles. Le dessin n° 3 de la *pl.* II représente également un bandeau lambrequin avec frange chenille; la hauteur proportionnelle de ce genre de bandeau peut être calculée sur une proportion de 0.08 centimètres par mètre de la hauteur de la fenêtre sous la galerie, toujours en raison de ce que les dessins qui sont sur la frange occupent l'œil et l'allégissent beaucoup. Lorsque l'on emploie ces bandeaux de frange chenille sous les galeries, la jupe des glands d'embrasses se fait de même, ce qui harmonise l'ensemble avec des rideaux ornés de bordures dont le dessin rappellerait celui de la frange.

Planche IV

CROISÉE A LAMBREQUINS DE 2 ET 3 PLIS AVEC CHUTES.

Ces lambrequins se font avec toutes espèces d'étoffes, celles à rayures cependant offrent quelques difficultés pour le tracé qui exige alors quelques recherches; ils conviennent parfaitement à la décoration d'une salle à manger, d'un cabinet de travail, d'une salle de billard, et partout enfin où quelque contour gracieux peut se mêler à la simplicité; pour un cabinet-bureau il faudrait des formes plus sévères.

(1) GUÉRINOT, Passementier, rue Saint-Honoré, 70.

Toute l'élégance d'une croisée à lambrequin, soit entièrement lisse, soit à plis et chute, comme ceux représentés par la Planche IV, consiste dans la grâce des contours et surtout dans la bonne proportion. Les plis de ces lambrequins ne sont qu'une addition qui coupe la monotonie de l'ensemble. Le tracé du lambrequin reste dans les mêmes conditions de proportion déjà indiquée dans le *Manuel géométrique du Tapissier*, comme devant, dans son ensemble, occuper la huitième partie de la surface de la fenêtre, mesurée sous la galerie, c'est-à-dire que, pour faire le tracé de ce genre de lambrequin, vous tirez une droite horizontale sous le tracé de la galerie à une distance égale à la huitième partie de la hauteur de cette dernière, puis vous composez votre contour de manière à ce que la surface apparente que vous retranchez au-dessus de cette ligne soit approximativement reportée dans les contours au-dessous de la même ligne, sans y comprendre le drapé de la chute. Pour plus amples renseignements, relatifs à l'exécution, voir le *Manuel géométrique du Tapissier*.

MÉTRAGES DES ÉTOFFES, DOUBLURES ET PASSEMENTERIES

Pour les deux Lambrequins

		Damas de Lyon 0.54	Velours 0.60	Cretonne ou Perse 0.80	Reps ou lainages 1.30	Damas des Indes 1.40	Passementeries	
Largeurs..							Frange	Crête
Lambrequins n° 1	avec chutes	4 50	4 40	3 20	2 20	2 15	5 50	8 50
	sans chutes	3 15	3 10	2 20	1 40	1 40	3 60	6 50
Lambrequins n° 2	avec chutes	4 60	4 50	3 00	2 30	2 20	5 60	7 40
	sans chutes	3 20	3 20	1 90	1 30	1 30	3 70	5 40

En additionnant l'étoffe nécessaire pour les rideaux, dont la hauteur donne le métrage, on aura l'emploi total de la fenêtre;

le métrage des doublures peut se calculer selon leur largeur par le tableau ci-dessus.

Ces métrages sont calculés, sans avoir égard aux raccords, sur la hauteur de 3 m. à 3 m. 25 cent. et largeur de 1 m. 50 cent. à 1 m. 60 cent. retour 0 m. 20. cent.

La tenture qui s'accorde le mieux avec le style renaissance est le cuir de Cordoue ou des imitations en cuir ou en papier, dont on trouve une riche collection et des dessins spéciaux dans la maison DULUD (1).

Les chaises représentées sont de la maison PIHOUÉE (2).

PLANCHE V

CROISÉES ET TENTURES GENRE CHIFFONNAGE

Ce genre de décoration convient particulièrement pour chambres de dames, de jeunes personnes, ou pour cabinets de toilette.

Une infinité de dispositions peut être combinée dans ces sortes de tentures. Nous donnons dans les types de cette planche quelques exemples desquels on peut déduire beaucoup d'autres. Ce genre de décor ne permet pas l'emploi d'étoffes trop meublantes; celles qu'on peut admettre de préférence sont : la perse, la cretonne, la satinette imprimée et quelquefois des soieries à petits dessins, des satins mélangés avec des velours de soie (employés lisses comme dans la planche suivante pour des décorations de boudoirs) et des mousselines unies ou à petits dessins sur des transparents de couleur tendre, comme la chambre de demoiselle représentée planche   de la 2e série.

L'importance de la dimension, la destination et la forme de la pièce que l'on doit décorer, de même que le choix de l'étoffe et

(1) DULUD, cuir gaufré, rue Vivienne, 14.
(2) PIHOUÉE, rue du Petit-Musc, 20.

surtout l'âge de la personne qui doit habiter la chambre, doivent décider du choix des mille détails coquets et gracieux que permet ce genre de décor également applicable à des formes grandioses et confortables, comme on pourra le voir par la suite de cette publication.

Deux principes se partagent ce mode de décoration, les *Tentures plissées* et les *Tentures froncées*. Rarement ces deux principes se mélangent, cependant certaines compositions le permettent. Les étoffes à rayures font généralement mieux dans les tentures plissées en raison de ce que la rayure doit toujours être symétriquement placée. Nous n'entrerons point ici dans les détails de l'exécution dont toutes les opérations et les calculs d'ampleur sont suffisamment indiqués dans le *Manuel géométrique du Tapissier*.

Nous répétons ce qui n'est pas nouveau : qu'une composition doit être raisonnée; la notice suivante donnera une idée des recherches qui nous ont guidé dans l'assemblage des différentes parties qui composent les types de tentures et de croisée de cette planche V.

Lorsqu'une pièce est entièrement tendue d'étoffe, il faut éviter la trop grande profusion et faire toujours en sorte qu'il y ait quelques parties lisses, afin que les parties froncées ou plissées puissent avoir toute l'ampleur nécessaire sans surcharger l'ensemble, cette condition est inséparable du bon goût, car l'uniformité d'une ampleur même insuffisante, également répartie sur toutes les parois, serait à la fois mesquine et lourde à l'œil, il faut toujours passer du plissé au lisse par des combinaisons naturelles.

Étant donné, l'une des étoffes ci-dessus indiquées à dessin courant ou semé et une pièce à tendre murs et plafond dans une donnée simple, nous chercherons d'abord à amoindrir l'étendue du plafond qui paraît toujours trop important, et conserver autant de hauteur que possible à la tenture; en ce cas nous proposerons pour le premier côté un plafond en forme de tentelet, l'étoffe est plissée au milieu et (sous une cartizane d'où tombe un gland) les plis se perdent régulièrement en s'éloignant du centre; l'étoffe redevient lisse pour passer au-dessus du premier cablé fixé au plafond, descend ensuite pour passer au-dessus du second cablé et former le pan coupé, de là redescend encore pour former le petit bandeau qui peut être légèrement découpé en forme de lambrequin au bas duquel on met une frange ou passementerie quelconque.

Ces trois parties d'étoffes, plafond, pan coupé et bandeau forment ensemble un couronnement gracieux qui cache le haut de la tenture froncée ; comme on le voit, ce type de décor s'enchaîne naturellement et n'est certes pas le seul qui pourrait être combiné au même degré de simplicité.

Nous avons dit plus haut que nous devions chercher à diminuer la grandeur du plafond, remarquez que la construction de ces pans coupés remplit parfaitement notre but.

Ces pans coupés remplacent ou recouvrent toujours la corniche d'une pièce, leur hauteur verticale est, suivant les dispositions, d'environ 18 à 20 centimètres, leur largeur horizontale peut sans inconvénient être d'environ 40 cent. plus 7 cent. de saillie, que l'on doit donner à la partie du bas pour isoler le petit bandeau de la tenture et la tenture elle-même du mur; ces deux distances de 40 et de 7 centimètres additionnées deux fois produisent, une somme de 94 centimètres dont le plafond sera diminué, tandis que la partie oblique du pan coupé augmente à l'œil la hauteur de la tenture.

La croisée adaptée sur cette tenture est en rapport de simplicité avec la tenture elle-même.

Le second type de croisée à draperie Fontange et tenture de cette même planche est plus riche que le premier, la tenture est plissée régulièrement. Ce genre de décor est très-beau s'il est bien exécuté, mais le plus grand soin doit être apporté à la préparation de ces tentures et draperies faites avec des étoffes à rayure pour que chaque motif soit en harmonie avec le motif correspondant, et que les parties qui ne peuvent s'allier au contact l'une de l'autre soient vivement tranchées, tel que le plafond dont les plis, comme au type précédent, se réunissent au milieu et s'effacent sur les bords qui sont lisses tout autour. Le volant qui borde ce plafond fait suite comme étoffe à la voussure qui est capitonnée. Dans ce cas, le câblé qui limite le haut de la voussure doit être placé en dedans pour être censé supporter le volant qui tombe tout autour. Nous avons placé les losanges du capitonnage de la voussure dans le sens horizontal, d'abord, pour avoir plus de division dans le sens de la hauteur, et principalement pour que la grande partie du losange puisse nous aider à motiver les divisions du bandeau drapé qui termine le bas de la voussure et vient couronner le haut de la tenture dont les plis correspondent également aux divisions du bandeau.

La croisée à draperies **Fontange** est ici garnie de volants ou bavolets gradués de hauteur, ce qui allonge les festons et les rend plus gracieux en ce que l'ampleur est très-dégagée aux entre-deux, la coupe de ces festons est faite par la méthode habituelle ; les volants peuvent être en droit fil ou en biais, on peut les développer par les parallèles ou les couper par des fractions de cercle comme il est démontré pl. xxi et xxii du *Manuel géométrique du Tapissier*. On emploie ce système de coupe circulaire quand on veut éviter l'ampleur du volant à sa naissance sur le feston. Les fontanges qui relèvent les festons sont de petits bouillonnés plats ou de petites ruches maintenues par une toute petite ganse ; cette ornementation peut se terminer suivant l'étoffe que l'on emploie, soit par un petit chou, soit par un nœud de ruban.

La tenture type n° 2 peut se faire avec une étoffe quelconque, mais elle est ici en étoffe à rayure (1), de sorte que chaque motif sur les plis et les intervalles doit se répéter symétriquement comme dans tout le reste du décor.

Nous ne donnerons ici que le métrage de l'étoffe nécessaire à la croisée, car les calculs faits pour la tenture d'une pièce de

(1) Cette étoffe à rayure est une cretonne de la Maison Chocqueel, rue Vivienne, 18 et 20.

telle dimension ne serviraient à rien pour celle que l'on pourrait avoir à calculer. Dans ce cas, on pourrait encore avoir recours aux renseignements que donne le *Manuel géométrique du Tapissier.*

La toilette Pompadour de cette planche, quoique très-simple, fait très-bien exécutée ; les fantaisies de ce genre peuvent réunir un assemblage de futilités de toute espèce, en guipure, dentelle, tulle, etc., etc.; nous n'avons pas besoin d'en décrire les détails ; sa construction consiste en deux tiges montant verticalement jusqu'à 60 cent. au-dessus de la table qui a 70 centimètres de haut, puis coudées vif pour suivre ensuite une courbe très prononcée qu'indique facilement le galbe extérieur des rideaux et de la petite draperie qui entoure l'ovale du haut.

Cet ovale, qui peut avoir 26 c. sur 15, est lui-même maintenu par deux écrous au haut de ces courbes à 1^{m}05 au-dessus de la table. Lorsque cette toilette est ornée des balustres dorés qui figurent ici, les tiges droites passent dans ces balustres et vont s'écrouer fortement sous la table : si l'on ne met pas ces balustres, ces tiges doivent être terminées par un petit épaulement qui s'appuie sur la table afin de pouvoir serrer les écrous en dessous; quant au petit dôme qui termine le haut, c'est une petite carcasse en fil de fer léger que l'on prépare comme la calotte de chapeaux de dames, ayant soin de la tenir plus grande pour que les petits festons qui l'entourent ne soient pas gênés.

Nous n'avons rien à faire remarquer sur le pouf et la petite chaise placés ici comme accessoires ou siéges de fantaisie. Nous en placerons souvent de la même manière, afin de multiplier le nombre des renseignements que l'on pourra tirer de cette publication.

STORE DUCHESSE

Ces stores se font en soie unie très-légère, en mousseline brodée ou unie, en tulle, guipure; on divise la largeur totale en trois, quatre ou cinq parties égales, si la division en cinq, par exemple, donnait 30 et que le store dût être fait en marce line, il faudrait couper les cinq parties d'une largeur de 36 c. et, parallèlement, d'une hauteur égale à celle du store tout fait, plus un tiers, *ce tiers en plus forme l'ampleur qui est froncée sur les rubans, les six centimètres de largeur en plus permettent à l'étoffe de galber d'un ruban à l'autre et de faire la couture.* Si l'on veut que le bas du store forme bien le feston, on le termine par la coupe d'un petit feston que l'on laisse tenir à chaque montant et dont l'ampleur est réunie sur un seul point au bas des rubans sur lesquels sont froncées les différentes parties du store.

Pour les stores en soie on met ordinairement un effilé ou une frange dans le bas des festons, et des petits glands en forme de poire grappés en soie sur des moules en plomb, pour que leur poids puisse maintenir les parties froncées parfaitement droites.

Le montage de ces stores est très simple: clouer le haut de l'étoffe dans toute sa largeur sur une tringle de bois fixée sous le rouleau qui est placé dans les conditions ordinaires, coudre des petits anneaux de 8 en 8 centimètres dans toute la hauteur derrière les rubans, passer une corde en soie dans chaque rangée d'anneaux, attacher le bas de cette corde au petit gland plombé, clouer le haut sur le rouleau; de sorte que, quand vous tirez la corde qui fait tourner le rouleau, toute les cordes en soie se roulent ou se déroulent pour faire monter ou descendre le store.

Les stores en mousseline, tulle, etc., etc., se montent exactement de la même manière; cependant il arrive que l'étoffe ne peut être séparée par partie, ce qui ne permet pas de former un feston dans le bas de la mousseline, on y supplée en mettant un volant qui remplace le feston.

MÉTRAGES DES ÉTOFFES

en différentes largeurs

POUR LES DEUX CROISÉES N°s 1 et 2, pl. V.

Calculés sur une proportion de : hauteur, 3^m25, largeur, 1^m50.

CROISÉE N° 1

Les plissés du haut et du bas de la galerie doivent être coupés en biais et au double de la hauteur pour être pliés par moitié en formant les plis, l'ampleur doit être de trois fois l'étendue de la galerie. Le bouillonné doit avoir la même ampleur et être coupé en biais. Le grand garni de frange peut être coupé droit fil ou en biais, son ampleur peut varier du tiers au double.

	Différentes Largeurs d'Étoffes.			
CROISÉE N° 1.	Damas de Lyon 54	Cretonne ou perse 80	Reps soie ou satin 1.20	Satinlaine et soie 1.40
ÉTOFFES, Galerie à plis haut et bas........	3,50	2.10	1.80	1.20
Grand bavolet ampleur variable.........	2.45	1.75	1.15	90
Rideaux 3 lés en 55, 2 lés en 80, 1 lé en 120	19.50	13 »	6.50	6.50
Totaux pour une croisée...	25.45	16.85	9.45	8 »
FRANGE calculée d'après les largeurs d'étoffes, par rideaux.	10 »	10 »	9.50	9.70
A trois boulos et grilles par le bavolet....	3.90	4 »	3.60	3.40
CROISÉE N° 2.				
ÉTOFFES, Galerie.....................	3 »	1.90	1.60	1.10
Draperie.....................	9.30	6.60	4.80	4.30
Petites garnitures, patères et embrasses.	2.60	2 »	1.40	1 »
Rideaux 3 lés en 54, 2 lés en 80, 1 lé en 120	19.50	13 »	6.50	6.50
Garniture gaufrée et volant du bas......	6.35	4 30	2.50	2.50
Totaux pour une croisée...	40.75	27.80	16.80	15.40

RUBANS pour border toutes les garnitures de 80 à 100 mètres.

PLANCHE VI

CROISÉE A L'ITALIENNE, CONTOURS LOUIS XV

PANNEAUX DE TENTURE DRAPÉS ET CAPITONNÉS

Les types de croisée et des deux panneaux de tenture que représente cette planche peuvent démontrer que le chiffonnage ne s'applique pas seulement aux décorations où la coquetterie règle le goût, il s'applique également dans les décorations somptueuses des salons ou des grandes chambres à coucher de château ; alors les contours prennent des proportions plus larges et plus grandioses, et toutes les étoffes riches, pourvu qu'elles drapent facilement, peuvent y être employées. On peut à cette croisée remplacer la tête à double gobelet couronnant le bandeau plissé par une galerie en bois naturel ou bois doré.

On peut ne pas faire de doubles plis aux bandeaux si l'on remplace les gobelets de la tête par une galerie. Nous devons dire qu'une galerie serait plus rationnelle si les murs n'étaient pas tendus d'étoffe.

Nous avons représenté ici un panneau de tenture drapée et un panneau de tenture capitonnée ; ces panneaux sont encadrés de champs biseautés recouverts en velours de soie ou en satin, l'expérience nous en a montré le meilleur effet, surtout autour des panneaux capitonnés. Le panneau de gauche est garni d'une tenture froncée surmontée d'une petite draperie suspendue par un lambrequin qui fait suite à l'encadrement biseauté, et le panneau de droite est un genre de capitonnage très-léger dont nous indiquons la méthode d'exécution. Celle ordinaire produit des effets trop boursoufflés qui nuisent considérablement à la légèreté qu'exige ce genre de décor.

Il faut, autant que possible, monter ces panneaux sur une toile bien tendue sur un châssis très-mince et assez large de bois, tracer les losanges et les contours de l'encadrement, prolonger les lignes formant les losanges au-delà des traits qui déterminent les contours de l'encadrement, appointer sur chaque trait une pointe à damas légèrement obliquée, de manière à faire reconnaître la direction du trait que cette pointe représente, étendre sur cette toile une couche d'environ 4 centimètres d'épaisseur de très-bon crin ; pour que cette couche de crin soit bien régulière, nous passons une couche de colle pour retenir le crin au lieu de le lacer, sur cette couche de crin mettez une feuille de ouate en ayant bien soin de sortir le glacé du côté qui touchera l'étoffe, puis, ayant également marqué par avance la place de chaque capiton sur l'étoffe en tenant compte de l'ampleur, vous l'étendez sur la ouate sans autre doublure ; alors vous passez une soutache en soie de l'une à l'autre des pointes en la tendant autant que possible, l'obliquité que vous avez imprimée à chaque pointe contribue à sa solidité pour supporter la tension de la soutache, toutes ces soutaches, étant fortement tendues, forment un treillage sur l'étoffe que l'on rappelle à sa place ; alors on commence à capitonner en passant un point de ficelle fine à cheval sur les deux soutaches serrées à fond, en mettant le bouton, de cette manière le losange est parfaitement marqué par la soutache tendue qui augmente l'ornementation et le capitonnage est excessivement plat, quoique suffisamment plissé autour du bouton. Pour se rendre compte de l'ampleur à donner à l'étoffe pour tracer le capitonnage, il faut tracer le losange dans sa juste mesure, croiser deux lignes des angles opposés, puis sur chacune de ces lignes tracer une courbe représentant le même bombage du capiton, vous mesurerez ensuite chaque ligne courbe et leur différence avec les lignes droites sera la mesure de l'ampleur.

En conséquence vous formerez sur l'étoffe de nouveaux losanges avec les mesures données par les courbes. Lorsque le capitonnage est terminé l'on arrête les bords un peu plus avant que le tracé de celui-ci, ayant soin de dégager tout ce qui pourrait empêcher l'encadrement d'appuyer sur les bords. On peut alors fixer l'encadrement avec des petites vis derrière le premier châssis, et pour mettre le châssis en place on trouve toujours quelque place dans les plis ou derrière les boutons pour mettre des pointes à taquet qui le tiendront au mur ; cette dernière opération est une des raisons qui nous fait dire de donner une certaine largeur au premier châssis. Si nous nous étendons si longuement sur la confection de ce panneau, c'est que les indications que nous venons de donner n'existent pas dans notre *Manuel*.

Nous n'avons rien à faire remarquer sur les rideaux blancs. Ceux que nous avons représentés ici sont en guipure et sortent de la maison Lepelletier fils et Cⁱᵉ, rue St-Fiacre, 5, ainsi que ceux des planches ii, iv, v, vi, viii, ix et x.

La chaise drapée, représentée dans cette planche, fait partie d'une infinité de nouveautés de ce genre que nous publierons dans nos séries successives.

MÉTRAGES DES ÉTOFFES

en différentes largeurs

Des Rubans, Passementeries, Doublures, Contre-Doublures

Pour la CROISÉE Pl. VI.

DIMENSIONS des CROISÉES.		LARGEUR DES DIFFÉRENTES ÉTOFFES.				RUBAN pour border les bavolets.	
		Damas de Lyon.	Cretonnes ou Perse.	Satins ou Reps soie.	Reps laine ou Damas des Indes.		
Hauteurs	Largeurs	54	80	120	140	1 côté	2 côtés
3 »	1.50	44.10	26 »	15.25	14.15	42 »	64 »
3.50	1.75	40.40	30 »	18 »	16.40	48 »	75 »
4 »	1.90	35.85	34 »	20.50	19.90	55 »	85 »

Nota. — Il est bien entendu que les métrages d'étoffe ci-dessus indiqués sont calculés comme pour du satin uni, sans avoir égard au raccord des dessins qui pourraient occasionner des pertes qui ne peuvent excéder 10 p. °/₀ dans cette draperie, surtout que les dessins et les raccords sont pour beaucoup de parties très insignifiants.

Nous avons supposé pour chaque rideau l'ampleur suivante : *deux lés* pour les étoffes en 54, *deux lés* en 80, *un seul lé* pour les étoffes en 120 et 140, suivant la manière de les monter.

Les bavolets ou garniture de cette croisée peuvent être bordés de deux ou d'un seul côté, en conséquence nous avons mis les deux métrages.

	CROISÉE hauteur de	3ᵐ	3ᵐ50	4ᵐ
	Petite ganse de galerie. . .	3.40	3.90	5.05
	Petit câblé de sonnette. . .	7.65	9.75	10.90
PASSEMENTERIE	Géroline à biais	2.90	3.25	3.70
	2 Glands avec tenon de . .	0.30	0.40	0.50
	2 Glands pour embrasses, avec tenon de	0.50	0.55	0.60

DOUBLURES ET CONTRE-DOUBLURES

On double très-rarement les volants et les bavolets parce que, étant froncés, les plis se formeraient moins facilement. Les draperies se doublent toujours en foulard, marceline ou percaline de même couleur que l'étoffe.

Les rideaux sont ordinairement doublés en blanc par la raison que l'envers du rideau qui reçoit le plus de lumière en garantit la couleur, car on sait que le blanc, non-seulement ne passe pas, mais qu'il atténue l'effet des rayons solaires; c'est pour cela que nous avons séparé pour cette planche, malgré l'énormité du travail, les métrages pour différentes hauteurs des étoffes, doublures et contre-doublures.

Les rideaux sont contre-doublés en molleton, les grandes parties drapées ou lisses, comme les festons grand bandeau et têtes flamandes sont contre-doublés en finette apprêtée pour en maintenir plus exactement la forme ; les grandes chutes se doublent toujours en toile de coton pour que les plis tombent plus facilement ; pour les petits drapés comme pour les embrasses, l'étoffe et la doublure suffisent.

HAUTEUR DES CROISÉES		POUR LA DRAPERIE			POUR LES RIDEAUX		
		3^m	3^m50	4^m	3^m	3^m50	4^m
Foulards et Percalines .	80	11.25	12.60	14 »	10.50	12.60	14 »
Marceline. . .	55	15 »	17.50	20 »	13.50	15.75	18 »
Finette apprêtée	70	12.50	13.25	15 »	» »	» »	» »
Molleton . . .	80	» »	» »	» »	10.50	12.25	14 »
Toile de coton. .	90	2.30	2.40	2.50	» »	» »	» »

PLANCHE VII

CANTONNIÈRES DE CROISÉES, STYLE GREC

Ce style grave et sérieux exige une rectitude de lignes qui ne souffre pas de médiocrité, on peut faire simple autant qu'on le voudra, et l'on doit être sobre dans les contours ; il faut que tous les détails aient leur raison d'être, que les angles soient bien accentués ; c'est précisément ce qui fait la grande difficulté dans l'exécution des travaux de tapisserie de ce style. La composition, comme point de départ, exige déjà une certaine connaissance du possible dans l'exécution qui consiste principalement en des applications de drap sur drap ou de velours sur drap ou reps, pour tout ce qui est filet on se sert avantageusement des rubans de velours, et tout ce qui est palmette se fait avec du velours en pièce qu'on a le soin d'assortir de qualité et de nuance au ruban.

Par expérience nous nous permettrons de dire ici que le

travail de la préparation de ces cantonnières doit se faire à plat sur l'établi.

Après avoir coupé la contre-doublure (*que nous mettons de préférence en grosse finette fortement apprêtée*) dans la juste mesure des contours extérieurs de la cantonnière, on y appose l'étoffe qui doit être tendue lisse sans effort ni boisson, on en replie les bords. en dessous de la contre-doublure en suivant parfaitement jusqu'aux moindres détails des contours, on retiendra ce rempli par un bâtis dont on aura soin de ne pas tendre le fil, puis avec un fer chaud on amincira les bords ; cette opération faite, si l'on doit faire des applications en velours et rubans, on retracera exactement le dessin sur l'étoffe et l'on y appointera soigneusement les rubans de velours qui seront cousus sur l'établi à l'aiguille courbe. Pour tout ce qui est palmette on colle légèrement le velours sur un bougran mince, on fait passer une petite pïqûre sur les contours du dessin, on découpe la palmette, ayant le soin de noircir les bords du bougran, et l'on recolle la palmette à sa place sur l'étoffe, en y faisant quelques points, puis on met la doublure. *(Si l'on doit faire des applications de drap et piqué à la mécanique, le dessin doit être tracé à l'envers de la doublure.)*

Pour que les côtés de la cantonnière se tiennent parfaitement droits et les retours perpendiculaires, il faut les préparer séparément et les faire surjetter ensuite très-proprement ; le plus souvent on met une petite ganse cousue sur ce surjet, ce qui termine bien l'angle de la cantonnière ; pour les maintenir tels en place, on fera bien de visser un petit piton dans le parquet et de tendre fortement un cordon de tirage de la galerie à ce piton. Nous n'avons pas besoin de dire que le décor par des cantonnières ne peut, sans de graves inconvénients, être adapté à des croisées dont les ventaux ne trouveraient pas facilement la place de leur ouverture derrière les rideaux, sans que l'on soit obligé de faire de grands retours aux cantonnières qui perdraient alors toute leur élégance par l'importance d'une grande surface d'étoffe lisse sur les côtés.

Ces cantonnières, sévères de style, demandent à être accompagnées de rideaux d'étoffes, et, si l'on y joint un store, il faut que le dessin en soit du même style, en tulle avec application, ce qui est tout à la fois léger et sérieux; on pourrait supprimer le volant du store, l'ensemble ne pourrait qu'y gagner comme sévérité de style, mais peut-être alors serait-ce un peu froid à l'œil.

MÉTRAGES D'ÉTOFFES

de rubans, doublures et contre-doublures pour cantonnières.

PL. VII.

La croisée grecque que représente cette planche a 3 mètres 55 cent. sous la partie droite de la galerie sur 1 mètre 80 cent. de large, si ces mesures variaient, les métrages que nous indiquons ci-dessous seraient faciles à modifier, en raison de ce que les contours qui forment l'ornementation peuvent rester les mêmes pour une croisée dans une autre proportion. Les cantonnières de ce genre se font comme nous l'avons déjà dit avec des étoffes unies, telles que les Reps de soie, de laine ou de drap, qui ont de 1 mètre 20 à 1 mètre 40 cent. de large; nous nous bornerons à donner ici les métrages pour la cantonnière seulement, le reste étant facultatif.

	m.	c.
Reps de laine et drap en 1 m. 40 cent.	»	»
Reps de soie en 1 m. 20 cent. de large	4	20
Contre-doublure et doublure en 80 cent.	7	75
Doublure en marceline en 55 cent.	10	»
Petits rubans de velours	22	»
Large ruban de bord	14	»
Velours à la pièce pour les palmettes.	»	35
Ganse pour les montants de derrière.	7	»
Frange en 16 cent. de haut	2	15

PLANCHE VIII

CROISÉE GENRE LOUIS XVI

Nous n'avons pas d'explications à donner sur la décoration de cette croisée, dont nous supposons les rideaux en damas de soie ou satin, et le lambrequin du haut en velours brodé.

La même draperie peut se faire sans le lambrequin qui peut être remplacé par une grande frange ou même par un bandeau d'étoffe qui, ainsi que la frange, n'aurait pour but que de combler les vides que forment les galbes du haut de la draperie. Nous avons suffisamment décrit la coupe et la préparation des draperies pour ne pas le répéter ici ; nous nous bornerons à donner le métrage des étoffes, des passementeries et des doublures.

MÉTRAGES DES ÉTOFFES

en différentes largeurs

des Passementeries, Doublures et Contre-Doublures

Pour la Draperie de la Pl. VIII

DIMENSIONS des CROISÉES		LARGEUR DES DIFFÉRENTES ÉTOFFES				PASSEMENTERIES	
		Damas de Lyon	Cretonne ou Perse	Satin ou Reps soie	Damas des Indes ou Reps	Frange toile coton en 12 cent.	Géroline à Biais
Hauteurs	Largeurs	54	80	1.20	1.40		
3 »	1.50	7.45	5.10	3.75	3.10	10.20	10.70
3.40	1.70	8.50	5.75	4.10	3.50	12.30	12.80
3.80	1.90	9.50	6.40	4.40	3.90	13 »	13.50

Nous supposons toujours les draperies contre-doublées en finette, à l'exception des chutes que l'on contredouble en toile de coton. La finette a ordinairement 70 centimètres, et comme c'est par cette dernière que l'on commence à couper, nous en estimons l'emploi égal au foulard, quoique les chutes soient à défalquer.

L'emploi de la toile blanche pour les chutes est d'environ 2 m. 25 cent.

Pour le petit lambrequin en velours brodé, qui peut sans inconvénient être remplacé par un bandeau de frange, il faut :

	m.	c.
Velours de soie.	1	15
Petite frange en 8 centimètres.	2	70
Petite géroline ou crête très-étroite	3	60

PLANCHE IX

LIT DE COIN, PORTIÈRES SIMPLE ET DOUBLE

Le lit de coin est une idée moderne amenée par l'exiguïté de nos appartements. La construction du châssis, ou ciel de lit, tient le milieu entre les lits anciens dont le châssis est carré et les lits modernes dont le châssis ne couvre qu'une faible partie.

L'on nous a beaucoup critiqué d'avoir indiqué à 2 m. 80 la hauteur (sous le châssis) à donner aux lits de coin.

Les lits carrés et à colonnes, dits François Ier ou Raphaël, étaient placés au plus à 2 m. 50 de haut, cette proportion est encore celle que l'on donne à ce genre de lit; pour les lits à couronne, Osmont, que nous avons déjà cité, déterminait leur hauteur à 3 mèt. 24 cent. (10 pieds) C'est avec raison qu'il adoptait cette mesure pour les lits à couronne, parce qu'alors, au-dessus de cette mesure, les rideaux ont l'air de s'élancer dans l'espace comme une colonne indéfinie, et que leur galbe n'a plus aucune grâce, mais l'air se trouverait trop comprimé sous les rideaux d'un lit à couronne ou à châssis de petite dimension, placé au-dessous de cette mesure ; il n'y a que le peu de hauteur du plafond qui obligerait à les poser plus bas.

Il est de fait, que si un lit à châssis carré, dit François Ier, était placé à la hauteur de 3 m. et plus, la plupart de nos chambres modernes seraient remplies par le prisme énorme et peu gracieux que formerait l'ensemble des rideaux ; donc, le lit de coin qui tient le milieu par la dimension du châssis, doit également tenir le milieu de la hauteur.

Autre remarque naturelle : la forme ou les contours que l'on donne aux châssis de lits de coin, doivent, pour être convenables, suivre approximativement un quart d'ellipse dont le petit axe représente la largeur totale du lit, et le grand axe est de 20 centimètres plus court que la longueur ; en voici les raisons dans le rapport des choses entre elles que nous avons cherché comme les architectes ont cherché les proportions. Le rideau de la tête du lit est toujours moins large d'emplissage et moins ample que celui du pied, parce qu'il y a une moins grande partie à envelopper, si l'on devait fermer les rideaux ; comme le devant de l'ellipse forme à cet endroit une très-légère courbure, le rideau de tête fait l'effet d'un rideau de croisée, et tombe droit sans être disgracieux, tandis que la partie d'ellipse prend du côté du pied une direction fortement obliquée, qui resserre le rideau de pied sur la tenture du fond du lit, de sorte que, si le derrière du châssis (ou grand axe) était de la longueur du lit, le rideau tombant à l'aplomb, perdrait sa grâce et dégagerait beaucoup trop le pied de lit. Il est encore une remarque essentielle, c'est que le milieu du contour qui forme le devant du châssis doit-être perpendiculairement placé en face le milieu du derrière de la couchette, afin que tous les milieux se correspondent, si l'on considère l'ensemble du lit en le regardant en face.

Il est rare que l'on fasse joindre les rideaux des lits de coin, par la même raison que l'on ne faisait pas joindre ceux des lits à colonnes; cette raison est que l'ensemble devient trop lourd à l'œil, et que les rideaux trop fermés peuvent priver d'air; il est toujours facile, sans être dispendieux, de combler le vide qui s'étend toujours sur toute la partie du devant par quelque motif gracieux, dont nous donnerons quelques types dans le cours de notre publication.

La garniture d'un lit de coin supporte facilement la plus belle décoration quand elle est bien comprise; le type donné par cette planche démontre l'effet que produisent les rideaux brodés qui entourent la couchette, on peut se faire une idée de l'ensemble; si par exemple l'étoffe des rideaux est d'un joli gris, les bordures sur un fond bleu, ainsi que toutes les doublures, les passementeries des deux couleurs, la tenture de fond de lit également bleu, formant transparent sous les plis de mousseline qui tombent irrégulièrement, ce qui produit un très-heureux effet.

Dans ce cas nous faisons souvent le ciel du lit en mousseline unie plissée en soleil sur un fond de percaline peinte en imitation de broderie; l'effet produit par la transparence du dessin, sous les plis de la mousseline, est des plus ravissants et des plus vaporeux, tout en imitant parfaitement la mousseline brodée (1).

Alors on met tout autour du ciel de lit un petit bandeau en guipure froncé qui cache la tête des rideaux, en remplacement d'un bandeau d'étoffe légèrement découpé en forme de lambrequin, ou d'une frange simplement doublée d'une percaline que l'on met pour remplir le même but, quand on fait le ciel de lit en étoffe.

(1) Nous avons toujours à la maison des types à la disposition de nos souscripteurs qui voudraient juger de l'effet et nous nous chargeons de l'exécution suivant leur désir.

Décoration des festons, des plis et de la courte pointe, par les Velours Savonnerie de MM. BERCHOUD et GUERREAU (1).

Depuis quelque temps déjà, une nouvelle voie s'est ouverte à la décoration. Le Tapissier n'avait eu jusqu'ici que les tapisseries d'Aubusson et la broderie qui lui permissent de composer des dessins spéciaux. Les autres étoffes, toutes à la pièce, ne se prêtaient à aucune création de fantaisie, et la passementerie, quelque artistique qu'elle fût, était impuissante à donner aux ameublements le style et l'originalité que nous obtenons si facilement avec les Velours Savonnerie.

Cette appellation de Velours Savonnerie a été donnée à cet intéressant travail, parce qu'il est à peu près le même obtenu mécaniquement que le travail si magnifique, connu de tous, sous le nom de Savonnerie des Gobelins.

Avec cette fabrication qui est la propriété exclusive de ces Messieurs, on peut exécuter tous les dessins imaginables sur toute espèce d'étoffe, au moyen d'un velours en relief qui est solidement incorporé au tissu. Ce n'est pas de l'application, nous insistons bien sur ce point, c'est une incorporation réelle au tissu qui lui sert de fond; on obtient avec cette fabrication tous les genres, tous les styles, tous les coloris, depuis la ligne noire et les *à-plat* sévères jusqu'aux richesses variées de la palette libre.

Le tapissier-décorateur doit comprendre les ressources précieuses d'une fabrication aussi féconde, l'art y gagne et les hommes de goût peuvent donner un libre essor à leur esprit créateur.

Il nous manquait ce précieux auxiliaire pour élargir le cercle trop restreint de nos compositions de goût; les anciennes étoffes, avec leur style trop accusé et trop connu, ne nous permettaient plus de créer: aujourd'hui nous sommes libres, et nos clients, comme nous-mêmes, doivent savoir que nous pouvons réaliser toutes les fantaisies, et produire sans cesse des nouveautés

(1) MM. BERCHOUD et GUERREAU, Fabricants des Tapisseries de Belleville et des Velours Savonnerie, rue du Mail, 25, Fabrique, rue de Belleville, 259, cité Lemidro.

originales, sans jamais être arrêté ni par le style, ni par le dessin, ni par le coloris.

Lambrequins, cantonnières, bandeaux, draperies, panneaux, toutes choses enfin que les étoffes ordinaires rendraient banales, prennent, étant traitées en Velours Savonnerie, une allure de style et de bon goût, même dans les genres simples et bon marché.

Les angles, dont la rectitude est si importante dans les dessins grecs, se font très accentués, de telle sorte que la cantonnière grecque, *pl.* VII, pourrait s'exécuter exactement comme tout autre dessin.

Nous publierons d'ailleurs des types exécutés par la maison Berchoud et Guerreau, d'après lesquels on pourra juger des ressources qu'offre cette fabrication ; déjà l'ornementation de la courte-pointe et de la draperie de cette planche (IX), est due à cette innovation.

Nous n'avons rien à observer sur la portière double, dont la tête flamande est formée comme au lit, non plus que sur l'autre portière à bordure.

La portière simple est plutôt considérée au point de vue décoratif que comme portière, car tout rideau relevé à l'italienne ne peut être baissé, sa coupe formant draperie sur le devant ne le permet pas. Nous avons vu quelquefois se présenter la nécessité d'exécuter cette portière, telle que nous l'avons dessinée ici, pour des portes de service journalier.

Le dégagement que laisse la partie relevée offre un passage libre : si la porte s'ouvre en dehors, il n'y a naturellement pas d'obstacle, les rideaux sont simplement posés sur une galerie fixée sur des supports ordinaires, si la porte s'ouvre en dedans, on peut faire ouvrir le grand rideau par les différents moyens indiqués *pl.* LIII et LIV du *Manuel géométrique du Tapissier*.

Pour connaître le métrage d'étoffe que nécessite la partie drapée, on n'a qu'à mesurer la longueur du galbe de devant, ce qui donnera la hauteur de l'étoffe sur une largeur de 60 à 70 centimètres.

La partie qui dans les festons ordinaires forme le galbe du haut est ici cousue au rideau lui-même ; celle qui forme le grand galbe arrondi du bas du feston forme ici la suite du montant du rideau. Ce que l'on appelle les lignes d'emplissage dans les festons ordinaires est ici, dans le bas, froncé très-étroitement sur l'embrasse, et le haut qui est coupé en droit fil fait suite à la tête du rideau.

EMPLOIS D'ÉTOFFES

POUR LE LIT DE COIN

(Pl. IX)

L'emploi d'étoffes pour les rideaux et tentures, est facile à calculer suivant les dispositions adoptées. Si l'on met, par exemple, deux lés en 80 cent. pour le rideau de la tête du lit, on mettra trois lés pour le rideau du pied, qui doit être d'un tiers plus large que le premier ; si la tenture du fond est en même étoffe, l'ampleur doit être proportionnée à celle des rideaux ; (on arrête ordinairement la hauteur de cette tenture à 50 cent. de terre) ; en conséquence la hauteur des rideaux et de la tenture multipliée par le nombre des lés, donnera le métrage de l'étoffe, de même que la hauteur du devant des rideaux et le nombre des lés donneront le métrage de la bordure. Si la tenture du fond du lit n'est qu'un simple transparent sous les rideaux de mousseline, on la fait en percaline ou en satinette, et on lui donne très peu d'ampleur pour la régularité de la transparence.

Les rideaux de mousseline brodés ou brochés, préparés pour les lits, sont ordinairement disposés par deux rideaux de droite et deux rideaux de gauche, sans bordure d'un côté, pour être assemblés de manière à ce que l'endroit de la broderie, soit toujours le plus possible mis en apparence. Cette disposition n'est pas parfaitement applicable aux lits de coin ; l'ampleur de deux des rideaux ne suffit pas pour garnir le côté de la tête. Pour que le lit indiqué *pl. IX* soit convenablement garni par les rideaux de mousseline, il faut trois rideaux de droite et un de gauche, grande largeur, n'ayant de bordure que d'un côté. assemblés comme suit : deux des rideaux de droite seront cousus ensemble par le côté sans bordure, pour garnir le côté et le pied du lit depuis le milieu du devant du châssis jusqu'au milieu du derrière, le troisième rideau de droite doit être assemblé avec le rideau de gauche pour garnir le côté du grand dossier et la seconde partie du fond du lit jusqu'au milieu du derrière.

La partie du devant du châssis, du côté de la tête doit être garnie par un rideau supplémentaire (aux autres lits) de la largeur d'un rideau de fenêtre. De cette manière le lit de coin est parfaitement garni.

MÉTRAGES DES ÉTOFFES

Doublures et Passementeries

POUR LA DRAPERIE ET LA COURTEPOINTE

	LARGEUR DES DIFFÉRENTES ÉTOFFES			
	Damas de Lyon 0.54	Cretonne ou Perse 0.80	Reps soie ou Satin 1.20	Damas des Indes
ÉTOFFE pour la draperie............	6.80	5.90	3.60	3.20
— — courtepointe.........	10.35	8.15	4.80	4.80

	m.	c.
Finette pour contre-doublure	6	50
Frange du bas des draperies	6	10
Géroline ou tête de frange	7	50
Géroline à biais pour le haut	4	30
Ganse pour le bas des plis, sans nœuds	2	80
— avec nœuds sur les plis	4	60
Bordure pour la tête	4	30
— pour la contrepointe	5	50

MÉTRAGES DES ÉTOFFES UNIES & SANS ENVERS

telles que : Mousseline, Foulard, Mareeline en différentes largeurs

POUR DES CHASSIS DE COIN PLISSÉS EN SOLEIL

dans les mesures de 1 m. 30, 1 m. 40 et 1 m. 50 de large sur 1 m. 85 de long

	LARGEUR DES DIFFÉRENTES ÉTOFFES.					
	Mareeline 0.55	Foulard 0.80	MOUSSELINES OU AUTRES			
			1.20	1.40	1.60	1.80
CHASSIS de 1.30 .	8.10	5.65	3.85	3.75	3.20	3 »
— de 1.40 .	8.50	6.40	4.90	4.50	4 »	3.35
— de 1.50 .	8.60	6.70	5.40	4.60	4.10	3.35

MÉTRAGES DES ÉTOFFES A ENDROIT OU A DESSINS

	Mareeline 0.55	Foulard 0.80	1.20	1.40	1.60	1.80
CHASSIS de 1.30 .	9.25	6.40	4.55	4.25	3.50	3.10
— de 1.40 .	9.40	7.20	5.60	4.75	4.30	3.65
— de 1.50 .	9.70	7.60	5.50	4.75	4.25	3.70

PLANCHE X

DÉCORATION D'UNE DEMI-ALCOVE, GENRE LOUIS XVI

On a reconnu les inconvénients des alcôves de grande profondeur, au point de vue de la décoration et de l'hygiène. Leur face extérieure présente une très-grande étendue sur le même plan, ce qui n'est pas avantageux pour le décorateur. Les rideaux y cachent presque toujours la plus belle partie de la face de la couchette, et, de plus, on est mal à l'aise dans un lit entièrement fermé. C'est pourquoi nous convertissons en demi-alcôve celle dont nous venons de parler, en en diminuant la profondeur au moyen d'une tenture plombée dans le bas, que l'on avance autant que le permet la largeur du lit, de manière à réserver derrière une espèce de couloir pouvant servir de porte-manteau.

Les demi-alcôves offrent tous les avantages contraires : leur décoration est facile à rendre gracieuse et légère, par les contours que l'on peut donner à la partie du châssis qui ressort du haut de l'alcôve.

Pour exécuter le décor représenté par cette planche (X), il faut ajuster une galerie en bois blanc sur le devant, suivant le contour du plan de terre du châssis qui forme ciel de lit dans l'intérieur de l'alcôve. Cette galerie est légèrement cintrée en élévation dans la partie du milieu, et doit être en bois sur champ, pour recevoir les gobelets de la tête flamande des rideaux et de la draperie. Par ce dessin on peut se rendre compte du dégagement des rideaux qui laissent voir la couchette, et permettent à l'air de pénétrer dans l'intérieur de l'alcôve.

Dans certains cas, lorsqu'on suppose une grande richesse de décor, on met la tenture du fond en même étoffe que les rideaux ; mais le plus souvent tout l'intérieur de l'alcôve est tendu de percaline ou de satinette assortie à l'étoffe, ou d'une autre couleur s'harmonisant avec celle des rideaux, pour faire transparent sous la mousseline qui tombe sur la tenture de percaline, laquelle n'a pas besoin de beaucoup d'ampleur.

Dans ce dernier cas nous mettons le ciel du lit (comme au précédent, *pl. IX*) en mousseline unie plissée en soleil sur un transparent de percaline peinte, ce trompe-l'œil fait à peu de frais l'effet d'un dessin régulier de broderie sous un plissé de mousseline également régulier.

Autour de ce ciel de lit on met un petit bavolet en bordure de mousseline brodée ou en guipure. Si la tenture de fond était, comme nous l'avons dessiné ici, semblable aux rideaux, le ciel de lit devrait être également en même étoffe ou tout au moins en soie unie de même nuance, toujours plissée en soleil (démontré *pl. XXXV* du *Manuel géométrique du Tapissier*).

Dans ce dernier cas, on met autour un bandeau légèrement découpé et garni de frange pour cacher la tête des rideaux.

Nous ne dirons rien du montage de ces rideaux et draperies que nous avons souvent décrit.

Les alcôves étant toutes à peu près de même largeur, nous donnons ici le métrage de celle figurée *pl. X*, c'est une des plus grandes dimensions: hauteur, 3 mètres 30; largeur, 2 mètres 30; nous supposons 1 mètre 40 à la couchette et 1 mètre 10 de profondeur à la demi-alcôve.

Comme il y a plusieurs combinaisons dans l'arrangement, nous donnons le métrage de chaque détail du décor, et l'on totalisera les emplois selon ce qui aura été combiné.

EMPLOIS D'ÉTOFFES

pour la Demi-Alcôve, pl. X

Nous pourrions ici faire les mêmes observations que pour la planche qui précède au sujet de la tenture du fond de lit et des effets de la transparence des percalines ou satinettes de différentes couleurs sous les rideaux de mousseline ; mais nous ne pensons pas devoir les répéter. Nous ferons seulement remarquer que l'étendue considérable du pourtour de la demi-alcôve nécessite quatre rideaux grande largeur pour la face et le fond du lit, plus deux rideaux de largeur ordinaire pour les côtés ; car l'ampleur des rideaux qui sont ordinairement préparés pour garniture de lit ne serait pas suffisante ici.

MÉTRAGES DÉTAILLÉS
pour chaque article de l'Alcôve, pl. X

Étoffes et doublures

Largeur des lés.	54	80	1.20	1.40
Draperie	3.85	3 »	1.80	1 80
Rideaux	16.50	13.20	6.75	6 60
Courtepointe	13.70	12.30	6.30	6 »
Tenture fond de lit, étoffe	21 »	15 »	12 »	9 »
Petit bandeau —	2.40	1.60	1.20	1 »
Transparent du fond, satinette	» »	12 »	» »	6 »
— des côtés —	» »	12 »	» »	6 »

Si le petit bandeau est en bordure de mousseline ou en guipure, il en faut . . . 9 » en 18

Finette pour la draperie . . . . 3 »

D'après le métrage des étoffes indiquées ci-dessus, on peut se rendre compte de celui des doublures suivant leur différentes largeurs.

PASSEMENTERIE

Crête de rideaux et courtepointe	23 »	
Frange de draperie	3.75	en 12
Géroline à biais ou crête demi-élastique	5 »	
— — pour tête		
Ganse pour la tête avec nœud	5 15	
Petite Ganse pour traversin	4 »	
Câblé d'intérieur du ciel-de-lit	7 »	
2 cartizanes à gland		
2 embrasses de 2 m. 50 de câblé	5 »	

MÉTRAGES POUR CIEL DE LIT PLISSÉ
ÉTOFFES UNIES ET SANS ENVERS

Largeur des lés.	54	80	1.20	1.40	1.60
	11 45	8 02	5 20	4 60	4 50

ÉTOFFES A DESSINS AVEC MONTANTS

54	80	1.20	1.40	1.60
12.15	9.35	5.90	5.10	5 »

PLANCHES XI et XII

GRANDE CHAMBRE A COUCHER, GENRE LOUIS XIV

Nous avons représenté cette chambre en perspective d'angle afin que l'on puisse juger de l'ensemble. Dans le fond, monté sur estrade, un lit vu de pied, une portière de chaque côté, en face du lit est la cheminée entre les deux fenêtres dont on ne voit que le plan perspectif, comme aussi celui de la porte principale qui fait face à la fenêtre. Sur l'autre côté apparent de la pièce, et près de cette dernière fenêtre, est une armoire à trois glaces, de l'autre côté est une chaise longue ; les siéges apparents dans ce dessin ne sont que des coins de feu, les autres siéges ne peuvent être vus par rapport à la disposition du dessin, ils consistent en deux fauteuils bois apparent et quatre chaises assorties. Une table de style qui est près de la fenêtre, un bonheur du jour ou chiffonnier, que l'on ne peut voir, compléteraient l'ameublement de cette chambre.

Les draperies du lit et des fenêtres sont mélangées de lambrequins unis, décorés de jeux de cablé avec glands.

De tous les genres de lits, c'est celui vu de pied dont le châssis peut être posé le plus haut. Une remarque essentielle : la plus grande longueur du châssis pour un lit de ce genre, posé à 3 mètres 50, doit être des deux tiers de la longueur de la couchette ; plus on diminuerait la hauteur, plus il est permis de donner de longueur au châssis, en voici la raison : Lorsque l'on considère un lit posé dans une pièce petite, le spectateur est toujours suffisamment rapproché pour pouvoir, par l'effet de la perspective, embrasser de l'œil la surface du châssis, moins en raccourci que celle du dessus du lit, de telle sorte que nous avons vu de ces châssis, ayant 1 mètre 70 c. de longueur, posés à 3 mètres 80, paraître plus long que le lit, par la raison que nous venons de donner.

Comme ce genre de lit est toujours monté sur estrade on fera bien de laisser traîner le bas des rideaux.

MÉTRAGES DÉTAILLÉS

POUR CHAQUE PARTIE DU LIT (POSÉ A 3 M. 50)

(Pl. XI et XII.)

Étoffes et doublures

Largeurs des lés. .	54	80	1.20	1.40
Draperie.	10.20	7.30	5.40	4.80
Rideaux.	23.60	16.60	8.30	8.30
Tenture du fond en étoffe	10 »	7.50	5 »	5 »
Courtepointe	13.90	10.80	7.70	5.85
Petit bandeau	1.70	1.30	1.10	1 »

Finette apprêtée pour draperie.	8 »	en 70
Guipure pour le petit bandeau, si le ciel-de-lit est en mousseline	7.20	en 18

PASSEMENTERIE

Crête de rideau	18 »	
Géroline à biais, pour draperie	15.50	
Frange —	8.50	en 12
Câblé souple —	16.80	
Glands.	11	
Câblé de ciel-de-lit	4.80	
Frange du bandeau, si le ciel-de-lit est en étoffe	6 »	en 12

CIEL DU LIT

Largeur des lés..	54	80	1.20	1.40	1.60
Étoffes unies sans envers dites à dessins montants.	7 »	5 »	3.63	3 »	3 »
Étoffes à dessins courants	8 »	6.25	4.05	4.32	3.32

MÉTRAGES DÉTAILLÉS

POUR LA CROISÉE (POSÉE A 3^m 50)

Largeur des lés.	54	80	1.20	1.40
Draperie.	6.50	5.50	4.40	3.40
Rideaux coupés sur 3.50.	21 »	14 »	7 »	7 »
Géroline à biais pour draperie.			12 »	
Frange, tête coton —			8.50	en 12
Câblé souple —			8.30	
Glands.		5		
Crête des rideaux.			10.50	
Finette pour draperie.			1.65	
Toile blanche			3 »	

FIN DE LA PREMIÈRE SÉRIE

L'ART PRATIQUE

DU TAPISSIER

L'ART PRATIQUE

DU TAPISSIER

PAR

JULES VERDELLET

TAPISSIER-DESSINATEUR

Professeur de Coupe

AUTEUR DU MANUEL GÉOMÉTRIQUE DU TAPISSIER

OUVRAGE PUBLIÉ AVEC L'APPROBATION

et sous les auspices

DE LA CHAMBRE SYNDICALE DES TAPISSIERS DE LA VILLE DE PARIS

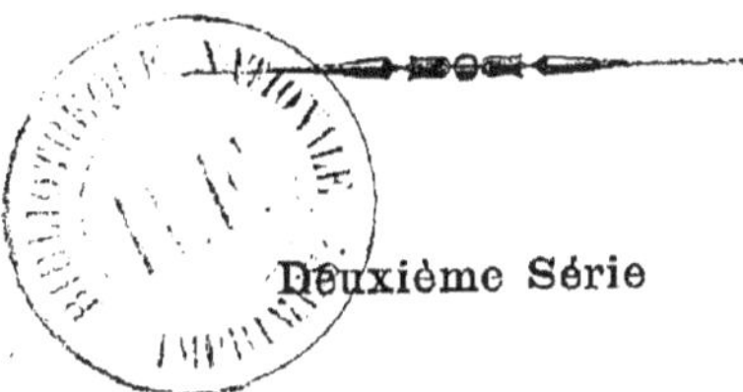

Deuxième Série

SE VEND A PARIS

CHEZ L'AUTEUR, Boulevard Beaumarchais

ENTRÉE RUE SAINT-CLAUDE, 8

Chez les principaux Éditeurs pour Tapissiers
et les marchands d'Ornements.

1874

AVERTISSEMENT

Lorsque nous avons entrepris de faire paraître, l'*Art pratique du Tapissier*, nous avons jugé qu'il serait utile et convenable, en raison même du genre de notre publication, de prendre note sérieuse de toutes les observations qui nous seraient faites, de les étudier avec tout le soin désirable, et de modifier notre plan si nous en reconnaissions la nécessité. La plus importante des observations qui nous aient été faites sur le texte de notre première série, repose précisément sur ce que nous considérons comme un point capital de l'utilité de notre publication ; nous voulons parler des renseignements que nous donnons sur les fournisseurs d'objets spéciaux. Devons-nous donc, après avoir fait connaître et approuvé un progrès facilitant nos moyens de décoration, laisser ignorer le nom du fabricant auquel notre industrie en est redevable ? Nous ne le pensons pas : agir ainsi serait d'un faible avantage pour quelques-uns d'entre nous, mais, pour le plus grand nombre, la règle que nous avons suivie jusqu'ici nous semble préférable. Quoiqu'il en soit, nous prions ceux de nos souscripteurs qui nous ont présenté cette observation, de ne point perdre de vue que notre ouvrage est écrit spécialement pour les membres de notre industrie, et nous considérons comme un devoir de porter à la connaissance de nos souscripteurs tous les renseignements qui intéressent les progrès de la décoration en tapisserie.

Nous saisissons cette occasion pour rappeler à nos souscripteurs que nous sommes toujours à leur disposition pour dessins spéciaux plans ou devis. De plus, nous nous empresserions de faire sur commande des patrons de coupe de nos modèles ou de tout autre dessin sur mesures données. Nous nous chargeons également de tous les travaux d'art de notre industrie, tels que draperies, cantonnières, lambrequins de style et application avec ou sans fourniture d'accessoires. Enfin, moyennant une commission relative à l'importance de la demande, la Maison VERDELLET, *8, rue Saint-Claude*, sera l'intermédiaire de ses souscripteurs pour tous renseignements ou commandes concernant l'ameublement.

La maison a toujours deux ou trois élèves adultes pour la coupe des étoffes : nous engageons les personnes qui désirent y placer un jeune homme à le faire inscrire d'avance.

ERRATUM

Dans le texte de notre première Série, il s'est produit une omission que nous avons regrettée très-vivement.

Les modèles des galeries planches III, IV, VII et VIII nous ont été fournis par M. BORDEAUX, (1) fabricant d'ornements, dont le nom, par suite d'un oubli tout involontaire, ne figure pas dans le texte de cette première Série.

Nous sommes heureux de réparer ici notre erreur, et d'adresser à cette maison, dont les produits sont d'ailleurs bien connus et justement appréciés, tous nos regrets d'un oubli que justifient les difficultés inhérentes aux débuts de toute publication.

(1) Actuellement, maison Bordeaux et Chamouillet, fabricants d'ornements, 12, rue Saint-Sauveur.

L'ART PRATIQUE

DU TAPISSIER

DEUXIÈME SÉRIE

PLANCHE I

FAUTEUILS A QUATRE CROSSES, DITS FAUTEUILS BÉBÉS

Ce genre de Fauteuils se fait généralement dans de petites dimensions, comme le type n° 2 de cette planche : ils sont alors très-gracieux. Leur place est plus particulièrement dans les petits salons, les boudoirs ou les chambres très-coquettes ; et, quoique les meubles bois recouvert n'aient point de style, ceux-ci s'accordent assez bien avec le style Louis XVI, en raison de la légèreté relative de leur forme.

Lorsqu'on donne de grandes dimensions à ce genre de fauteuils, ils deviennent très-sévères et conviennent mieux alors pour salons, bibliothèques, etc., etc...

Ces Fauteuils sont, parmi les bois recouverts, ceux qui produisent le meilleur effet lorsqu'ils sont recouverts avec des bandes de tapisserie, en raison de ce que les parties capitonnées, qui sont de chaque côté, suivent parallèlement les bandes qui sont droites.

La chaise, de même genre, type n° 3, est peut-être moins gracieuse que le fauteuil à cause de l'assemblage trop tranché du dossier avec le fond ; mais elle reprend toute sa grâce quand on y joint des petits accotoirs très-bas comme l'indique le type n° 4.

EMPLOIS ET DIMENSIONS POUR LES FAUTEUILS ET CHAISES
Genre bébé de la planche I

		NUMÉROS PAR GRANDEUR.			
BOIS NUS		1	2	3	4
BOIS Modèle LAURIOL fabricant, r. St-Maur, n° 54	Hauteur des dossiers. . .	0.90	0.86	0.72	0.83
	Renvers des dossiers. . .	0.19	0.18	0.18	0.15
	Écartement des crosses.	0.80	0.80	» »	0.77
	Largeur des siéges. . . .	0.67	0.66	0.50	0.63
	Profondeur des siéges. .	0.65	0.65	0.53	0.62
ÉTOFFES	Damas de Lyon 0.54	6.40	6.20	3 »	5.60
	Velours 0.60	5.95	5.75	2.90	5 »
	Cretonne 0.80	4.70	4.50	2.25	3 »
	Reps de soie 1.20	3.80	3.65	1.70	2.30
	Reps de laine. 1.30	3.80	3.65	1.70	2.30
	Maroquin grande dim^{on}.	6 1/2	6 »	3 »	5 »
PASSEMENTERIE	Frange	2.40	2.30	1.95	2.20
	Lézarde ou biais.	3.90	3.75	1.60	3.60
HOUSSES	Simple étoffe en 80 cent.	4.50	4.30	2.40	4 »
	A volants.	5.10	4.90	3 »	4.60

(colonne « Largeur des lés. »)

NOTA : Pour les Fauteuils en cretonne, ajouter à l'emploi ci-dessus 80 centimètres d'étoffe pour bavolets (ou volants). Compter un supplément de lézarde égal au métrage de la frange.

PLANCHE II

PERSPECTIVE D'UNE PARTIE DE BOUDOIR

On sait que la décoration et l'ameublement d'un boudoir doivent toujours être luxueux et coquets; aussi la sévérité du style n'y est-elle pas toujours fidèlement observée : c'est ce que nous avons fait ici par la diversité des fantaisies artistiques que nous avons groupées dans notre dessin.

Nous avons représenté dans ce boudoir : 1° Une chaise longue à dos renversé sans manchette ni rampe et dont le siége est plus haut à la tête qu'au pied; la cambrure du dossier est du genre des fauteuils bébés; la draperie qui la distingue plus particulièrement est une suite de petits festons à l'antique, dont on a l'exemple des coupes dans le *Manuel géométrique du Tapissier*. L'étoffe qui forme l'intervalle des capitons au-dessus de chaque feston est du même morceau que le feston lui-même, et monte jusque sous le capiton de la première rangée du dessus du siége, tandis que l'étoffe du dessus vient se terminer en pointe d'enture sous la petite cartizanne qui est placée au haut de chaque pli sur la devanture tout autour du siége. Ce travail ne peut se faire sans quelques pertes d'étoffe que rachètent quelquefois d'heureuses combinaisons, quand l'étoffe le permet : dans tous les cas, l'effet produit vaut bien un petit sacrifice. Nous indiquerons plus loin dans le tableau d'emploi de cette planche, les métrages d'étoffes et de passementeries nécessaires pour cette chaise longue que nous supposons couverte en étoffe légère telle que satin uni, lampas broché, etc... 2° Un fauteuil bébé assorti d'étoffe à la chaise longue et dont les emplois sont indiqués dans le tableau de la planche I; 3° Un fauteuil marquise : le bois est un modèle de la maison Pihoué père et fils, fabricants, rue de Lyon, 16; la tapisserie d'Aubusson est de la maison

Duplan, ainsi que celle du tabouret à X dont les plates-bandes du tour forment des lambrequins bordés d'application et de petite frange; 4° Un coffre à bois, entièrement recouvert par des bandes de tapisserie brodées à la main, et des bandes de velours qui peuvent être remplacées par des bandes de satin à petits capitons, ainsi que le petit coussin qui est sur la chaise longue. Mais pour le petit coussin, nous ferons cette observation que l'on ne devra pas capitonner les bandes, si on le fait comme il est représenté avec de petites ouvertures garnies de soie blanche ou de couleur très-claire; les dessus de chaque côté du coussin sont en apparence retenus ensemble par des attaches qui rappellent ce que l'on faisait aux manches des pourpoints et à certaines manches de robes (style renaissance); 5° Un écran à bannière : c'est ordinairement une peinture sur soie ou une broderie très-légère, montée, comme l'indique le dessin avec beaucoup de passementeries, mais très-fines: 6° Un habillement de cheminée; cette manière de décorer une cheminée ne conviendrait que pour boudoir ou dans le cas où l'on serait obligé de cacher un marbre défectueux. Les petits rideaux doivent être coupés, comme les grands rideaux à l'italienne, c'est-à-dire que la partie du devant est coupée comme un feston, ce qui permet de les relever comme l'indique le dessin: de cette façon on évite les ajustements gênants et peu solides, tels que les grandes broches que l'on met pour retenir l'embrasse des rideaux. Les tablettes de dessus de cheminée sont presque toujours en velours, mais pour une cheminée coquette, comme doit être celle d'un boudoir, on les couvre très-souvent en satin soutaché même couleur que le fond de l'étoffe des rideaux ou avec la même étoffe, si le dessin n'est pas trop important; mais alors elle doit être confectionnée de la manière suivante: après avoir tracé les losanges sur la tablette, il faut la percer de petits trous à chaque extrémité des losanges, et fraiser les trous surtout du côté qui doit former le dessus de la tablette; couvrir la tablette d'une légère couche de très-bon

crin et par dessus ce crin mettre deux épaisseurs de ouate à laquelle
on enlève le glacé; on pose l'étoffe sur cette garniture (sans la
tendre), on croise la soutache sur l'étoffe, tel que le tracé avait été
fait sur la tablette; on arrête provisoirement chaque brin de soutache en la tendant autant que possible; on capitonne alors en se
servant d'une autre soutache que l'on passe par les petits trous de
la tablette pour former les losanges, et l'on règle en même temps
l'étoffe. Tout le capitonnage du dessus étant fait, on rabat proprement
les bords en arrêtant les soutaches : on peut alors terminer la
tablette, mettre la frange, etc... Si l'on met des boutons pour
capitonner, il faut qu'ils soient très-petits pour ne pas faire épaisseur
sur la tablette.

Le guéridon dont le pied est en laque de chine est garni d'une
tapisserie brodée à la main.

Une des parties les plus intéressantes de cette planche est la tenture murale, mélangée de petits panneaux sculptés et de panneaux
saillants imitant les garnitures dites à tableaux, comme le dossier des
fauteuils anciens; les panneaux saillants sont recouverts de lampas
à plusieurs tons de la maison Duplan : rien de plus gracieux que
l'effet de ces panneaux, quand ils sont faits régulièrement.

Il est facile de construire correctement ces panneaux que
nous avons exécutés plusieurs fois avec succès par la méthode
suivante, qui consiste simplement à ajuster des moulures triangu-
laires en bois blanc fixées sur le mur et suivant régulièrement les
contours du panneau. Cette moulure remplace la garniture (d'épaisseur que l'on fait en crin aux dossiers de fauteuils): on recouvre ces
moulures de bandes de molleton; et l'on tend une forte toile clouée
tout autour, ce qui forme le panneau; l'on remet une légère couche
de crin et de ouate sur cette toile, puis une toile blanche, et l'on
peut couvrir le panneau avec l'étoffe, comme l'on ferait pour un
dossier de fauteuil, de manière à ce que le biais ou la lézarde soit
cloué bien à plat tout autour de la feuillure qui a été réservée.

Parmi les différents objets qui garnissent ce boudoir, nous ferons remarquer des objets véritablement artistiques que la proportion de notre dessin ne nous a pas permis de représenter aussi fidèlement que le mérite par exemple la garniture de cheminée (Pendule, coupes et candélabres en bronze doré), production de la maison Delesalle (1), ainsi que les chenets, également en bronze doré de la maison Clavier (2).

MÉTRAGES DES ÉTOFFES DE DIFFÉRENTES LARGEURS
POUR LA DRAPERIE ET LA COUVERTURE DE LA CHAISE LONGUE, PL. II

La draperie de la chaise longue se compose de huit festons sur chaque face principale, de trois festons au pied et de quatre festons sous l'entoilage du dossier. Nous ne comptons que 0 m. 30 cent. de hauteur d'étoffe pour ces derniers, 0 m. 60 cent. pour les autres côtés y compris les entures en étoffe unie, et 0 m. 70 cent. de hauteur pour les étoffes à dessins : nous invitons nos lecteurs à se tenir en garde pour ces emplois, qui sont le strict nécessaire pour une chaise longue de 1 m. 40 cent. de longueur de caisse.

DAMAS DE LYON
en 0ᵐ 54
(dessin régulier).

Pour la draperie sur les 4 faces. . . . 15ᵐ 10 ⎱
Couverture du fond, dossier et entoilage. . . 8 » ⎰ 23ᵐ 10

La même draperie sur deux côtés seulement, y compris les bavolets des autres faces sans draperie. . . . . . 10 50 ⎱
Couverture du fond, dossier et entoilage. . . 8 » ⎰ 18 50

SATIN OU AUTRE
étoffe unie en 0ᵐ 54

(L'étoffe étant unie, et permettant de couper 2 festons dans la largeur du lé et de profiter des entrecoupes)
draperie tout autour. . . . . 8 50 ⎱
Couverture du fond, dossier et entoilage. . . 8 » ⎰ 16 50

(1) Maison Delesalle, boulevard du Temple, 41.
(2) Maison Clavier, rue Debelleyme, 22.

VELOURS ou autre étoffe en 0m 60	Draperie sur les 4 faces.	7 60	15 »
	Couverture du fond, dossier et entoilage. . .	7 40	
	La même draperie sur 2 faces seulement, y compris les bavolets. . . .	6 20	13 60
	Couverture du fond, dossier et entoilage. . .	7 40	
	Si l'étoffe n'a pas de sens, on peut tirer partie des entrecoupes.		
CRETONNE ou autre étoffe en 0m 80	Draperie sur les 4 faces.	7 »	12 »
	Couverture du fond, dossier et entoilage. . .	5 »	
	La même draperie sur 2 faces.	5 40	10 40
	Couverture du fond, dossier et entoilage . .	5 »	
REPS DE SOIE en 1m 20	Draperie sur les 4 faces.	3 80	7 80
	Couverture du fond, dossier et entoilage . . .	4 »	
	La même draperie sur 2 faces.	2 70	6 70
	Couverture.	4 »	
SATIN en 1m 40	Draperie sur les 4 faces..	3 50	6 50
	Couverture du fond, dossier et entoilage. . .	3 »	
	La même draperie sur 2 faces.	2 70	5 70
	Couverture	3 »	
PASSEMENTERIE Frange tête gansée en 0m 09	Pour la draperie sur les 4 faces. . . .	9 »	
	Pour la draperie sur 2 faces et le bavolet uni sur les 2 autres faces.	8 »	
	10 ou 12 petites cartizannes cache-plis, lézardes à biais.	2 80	

Les métrages d'étoffes et de passementeries indiqués dans les tableaux ci-dessus étant basés sur des mesures toutes locales peuvent être considérés comme un renseignement susceptible de grandes variations.

MÉTRAGES DES ÉTOFFES POUR Cheminée Pl. II	LARGEUR DES DIFFÉRENTES ÉTOFFES					PASSEMENTERIES MÉTRAGE	
	DAMAS de LYON	VELOURS ou SATIN	CRETONNE ou PERSE	REPS SOIE ou SATIN	REPS LAINE Damas Indes	Frange	Géroline
	0.54	0.60	0.80	1.20	1.40		
Draperie formant cadre	6 »	5.60	5 »	2.75	2.75	7 »	7.20
Rideaux de cheminée.	6.30	5.40	4.50	3.50	3.50	4.40	4.50

Nous ne comprenons pas dans ces métrages l'étoffe et la frange de la tablette de cheminée, ni le parmentage de la draperie; dont une partie se reflète dans la glace.

Nota: Les étoffes en 1 m. 40 de largeur fournissant un peu plus d'ampleur aux rideaux de cheminée seulement, il faudrait compter 0 m. 50 c. en plus de frange et de lézarde.

Le métrage des étoffes indique celui des doublures.

PLANCHE III

CROISÉE DE SALON A TÊTE FLAMANDE ET ÉCUSSON

La draperie de cette croisée est suffisamment riche et sévère pour faire l'ornement d'un salon très-bien meublé; mais il est incontestable qu'une galerie en bois doré et sculpté, suivant les dispositions de la draperie, remplacerait avantageusement la galerie à tête flamande que nous avons représentée par ce dessin et pour le suivant. Mais tout en indiquant ce qu'on ferait très-bien sans notre conseil, nous suivons notre inspiration, puisque la draperie est composée pour ce genre de décor qui nous est si souvent demandé.

Si l'on exécute cette croisée telle que l'indique le dessin, il ne faudra pas séparer des festons la partie d'étoffe qui recouvre les fractions de galerie qui se trouvent au-dessus de chaque feston, à cause du dessin de l'étoffe qu'il serait difficile de raccorder séparément : il serait bon d'en faire autant pour les plis, mais cela n'a pas la même importance, parce que le dessin de l'étoffe se trouve toujours froissé à la naissance des plis; mais si l'étoffe est unie, il est plus avantageux de couper toute l'étoffe de la galerie séparément.

Si l'on voulait exécuter cette draperie pour être ajustée sous une galerie sculptée, il faudrait dégager le galbe du haut dans la coupe de chaque feston ; c'est-à-dire qu'il faudrait laisser du jour dans le haut du feston, et l'intercepter ensuite par un bandeau de frange ou simplement de même étoffe ; sans cette modification la draperie serait lourde à l'œil.

Si l'on tient compte des nombreuses observations qui ont été faites plusieurs fois déjà dans le manuel géométrique du Tapissier, et dans le texte de la série précédente, nous n'aurons rien à ajouter ici pour l'exécution de cette croisée.

Si l'on met des petites cartizannes au bas des gobelets de la tête flamande, on pourra supprimer quinze centimètres de ganse pour chaque pli sur l'emploi indiqué ci-dessous.

L'emploi des doublures pour les draperies doit être évalué à 10 pour 100 en plus que l'étoffe : l'emploi des rideaux est toujours indiqué par leur hauteur et leur largeur.

Nous avons exécuté cette draperie avec un satin laine et soie fond bleu, dont on peut se faire une idée du dessin par les panneaux de tenture qui sont de chaque côté de la croisée. Cette étoffe de la maison Chocqueel produisait un effet ravissant.

MÉTRAGES DES ÉTOFFES EN DIFFÉRENTES LARGEURS

DES PASSEMENTERIES ET DOUBLURES POUR LA CROISÉE PL. III

DIMENSIONS des CROISÉES		LARGEUR des DIFFÉRENTES ÉTOFFES				PASSEMENTERIES				
		DAMAS de LYON	CRETONNE ou PERSE	SATIN ou reps de soie	DAMAS DES INDES ou reps	FRANGE TÊTE coton. 0.12 c.	GÉROLINE A BIAIS pour draperie	GÉROLINE A BIAIS pour tête	CABLÉ de la draperie	GANSE de tête
Hauteur	Largeur	54	80	120	1.40					
3 »	1.45	7.50	5.10	3.55	2.90	5.65	6.10	2.70	3.80	2.60
3.50	1.70	9.25	6.55	4.50	3.85	6.50	7 »	2.95	4.40	2.85
4 »	1.95	11 «	8 »	5.40	4.75	7.40	8 »	3.25	5 »	3.15

PLANCHE IV

CROISÉE A TÊTE FLAMANDE DOUBLE DRAPERIE

Nous pouvons recommander en toute assurance les heureux effets de cette draperie qui est à la fois très-meublante et légère dans sa composition par les galbes des grands festons, qui sont remplis par les petits festons du haut. Les décorations à tête flamande pèchent presque toujours par les extrémités et le milieu qui ne sont géné- ralement pas assez garnis : les doubles plis que nous avons motivés dans ce dessin font disparaître cet inconvénient.

La tête flamande formée par une bordure telle que nous l'avons indiquée ici, termine certainement bien le haut de cette draperie, mais on pourrait l'exécuter avec l'étoffe de la draperie, comme celle qui précède. Quoique nous préférions toujours une belle galerie à une tête flamande pour le couronnement d'une croisée riche : nous devons dire que sans modification, cette draperie, dont la quantité de plis est motivée par les gobelets de la tête flamande, serait moins gracieuse sous une galerie sculptée, ou il faudrait dans ce cas que l'on forme un seul pli double au lieu de deux plis dans le milieu à la réunion des deux grands festons. Les petits festons à plis qui sont au-dessus de ces derniers devraient être remplacés par des festons Fontange ou par un lambrequin, et on formerait un galbe dans le haut des festons de chaque côté qu'on garnirait d'une frange ou d'un petit bandeau d'étoffe.

Nous avons consigné précédemment dans le texte de notre pre- mière série toutes les observations relatives à la préparation des rideaux à bordures ; nous ne les répèterons pas ici ; nous reçomman- derons seulement de préparer séparément chaque fraction de bor- dure qui couvre la galerie et forme tête au-dessus de la draperie ; les intervalles qui forment une courbe doivent surtout être apprêtés dans la forme qu'ils doivent conserver en place ; il suffit pour cela de les couper séparément, cinq ou six centimètres plus longs, les appointer à l'envers sur un établi, et quand ils seront bien fixés dans la forme qu'ils doivent conserver, on les apprêtera, soit avec de la colle de pâte soit avec de la colle d'amidon, ou par un simple apprêt du fer chaud suivant le tissu des bordures; ces fractions de bordures étant ensuite cousues sur un bougran bien ferme et coupé dans la forme voulue se tiendront très-bien, lorsqu'on assemblera les différentes parties de la tête.

La hauteur des têtes étant toujours de douze à quinze centimètres, on est souvent obligé de combiner les dispositions pour que, quelle que soit la largeur de la bordure, on ne dépasse pas cette mesure de hauteur : si par exemple la largeur de la bordure dépassait quinze centimètres, on pourrait pincer les plis dans le milieu de la bordure et rélargir la moitié du haut par un petit champ d'étoffe et par une grosse géroline à biais qui termine le haut. Alors la ganse du bas de la tête ne doit plus suivre le contour de la galerie : on la fait galber d'un pli à l'autre pour ne pas couper le dessin de la bordure qui reparait sur les plis au-dessous des gobelets et se perd dans les plis du haut du feston. On peut en ce cas mettre des petites cartizannes sur la pince du pli et faire une ganse massue (c'est-à-dire beaucoup plus grosse dans le milieu du galbe que de chaque bout), pour former guirlande. Cet arrangement est très-riche, mais très-coûteux : la préparation en est très-ouvragée, et la passementerie chère; mais on peut considérer que nous remplaçons une galerie qui serait elle-même d'un prix très-élevé. Si au contraire la bordure n'avait que la largeur ou moins que la largeur de la tête, la ganse du bas suivrait le contour intérieur de la galerie, et l'on terminerait le haut par une ganse ou une grosse géroline à biais, et avec champ s'il était nécessaire. La préparation des draperies est comme d'ordinaire. Ce décor de croisée fait en satin ou en reps de soie sur laine dans un ensemble Louis XVI avec une bordure même style, ainsi que les panneaux de tapisserie sortant de la maison Chocqueel, forment un fort gracieux assemblage dans un salon très-riche ; et, suivant l'étoffe que l'on voudrait employer avec quelques modifications très-légères dans la forme de la draperie, on pourrait en faire une chambre à coucher (voir le lit de milieu, pl. X, même série).

MÉTRAGES DES ÉTOFFES EN DIFFÉRENTES LARGEURS

ET PASSEMENTERIES POUR LA CROISÉE PL. IV

DIMENSIONS des CROISÉES		Largeur des différentes étoffes				PASSEMENTERIES					
		DAMAS de LYON	CRETONNE ou PERSE	SATIN ou reps de soie	Damas des Indes ou reps laine	FRANGE TÊTE COTON en 12 ou 14 c.	FRANGE TÊTE COTON en 8 ou 10 cent.	GÉROLINE A BIAIS très-forte pour tête	GÉROLINE A BIAIS moyenne grosseur POUR DRAPERIE	GÉROLINE A BIAIS pour petit Lambrequin.	GANSE de tête
Hauteur	Largeur	54	80	120	140						
3 »	» »	7.90	6.35	4.90	6 »	8.80	2.50	3.35	11.25	3 »	3.70
3 »	50 »	11.25	8.15	5.40	6.20	9.60	2.90	3.85	13 »	4 »	4.25
4 »	» »	13.85	10 »	6.85	6.40	10.90	3.35	4.50	15.10	5 »	4.95

PLANCHE V

CROISÉE SIMPLE STYLE LOUIS XVI

Cette croisée, simple dans sa forme, peut être d'un aspect très-riche, si l'on encadre les rideaux d'une large bordure et que cette bordure soit disposée sous la draperie comme nous l'indiquons ici, se tenant à plat, et suivant les contours des festons et des plis.

Beaucoup de nos souscripteurs nous réclament sans cesse des modèles simples et nouveaux : nous ferons remarquer que les éléments de décoration de lit et de croisée ne changent guère, lorsqu'on ne veut pas sortir du simple rideau dessiné avec plus ou moins d'ornementation. Alors on ne peut reproduire que des choses connues de tout le monde et qu'une publication sérieuse ne peut répéter indéfiniment. Il y a bien des dessins à faire sur des fantaisies artistiques, si l'on peut leur donner ce nom : mais nous ne pouvons, en raison du titre de notre publication, l'*Art pratique du Tapissier*, et en notre qualité d'auteur d'un Manuel de coupe, publier des images dont l'exécution serait défectueuse, sinon même impossible, et cela sous le seul prétexte de donner des idées. Oui, certes, on modifie les idées et l'on en tire bon parti pour différentes applications, mais par expérience nous savons ce qu'on peut faire d'un mauvais dessin pour un décor convenable, surtout lorsque le client (qui ne connaît pas la limite du possible en tenture) a choisi un type inexécutable.

Incontestablement, le bon goût ne consiste pas à compliquer un décor ; à tous les degrés de dépense, on peut faire de jolies choses. Les principales conditions de réussite sont : de bien saisir le but que se propose le client, les combinaisons de l'ensemble, l'harmonie des couleurs, savoir se rendre compte par avance des effets du décor que l'on propose et qui doit toujours être en rapport avec les étoffes soit légères, sérieuses ou somptueuses, mais surtout les proportions qui doivent, dans chaque détail, s'harmoniser avec les dimensions et l'architecture de l'appartement. — Le choix des étoffes également est un des points les plus importants, car il caractérise souvent le genre du décor.

Dans un appartement bas, on ne peut pas mettre de draperie, si ce n'est une Fontange, si l'ouverture des fenêtres le permet, ou un bandeau de frange sous une galerie très-légère. Hors de cela, nous n'avons que les rideaux montés soit à gros anneaux ou à tête flamande. Dans leur principe, ces rideaux sont excessivement simples, mais nous avons déjà indiqué plusieurs moyens de les enrichir, jusqu'à devenir très-luxueux, par l'ornementation de la passementerie que l'on peut y ajouter. Nous ne jugeons pas nécessaire de reproduire ces dessins si souvent publiés et dont les modifications, toujours insignifiantes comme dessin, se multiplient à l'infini.

Notre publication a un but plus sérieux, lequel est de proposer des types toujours modifiables, mais toujours possibles d'exécution : en conséquence, nous ne donnerons ces types d'extrême simplicité que comme accessoires dans des dessins d'ensemble, ainsi que nous l'avons déjà fait pour différentes portières dans notre première série.

Pour obtenir en exécution l'effet représenté par le dessin pl. V, il faut, pour la draperie, couper le feston comme s'il devait s'arrêter à la bordure, de même que les plis ou tuyaux : couper séparément chaque morceau de bordure qui doit former le bas des festons et des plis, les apprêter séparément dans la courbure qui leur convient pour suivre exactement le bas du feston ou des plis ; cette bordure est montée sur une toile bougran qui maintient la forme. Cette toile dépasse la bordure haut et bas, dans le haut pour recevoir le feston que l'on coud à plat sur la toile, et dans le bas pour recevoir la tête de la frange que l'on cache par une passementerie quelconque si la tête de la frange ne suffit pas. Lorsque les plis et les festons sont ainsi préparés séparément, on les assemble tous et on pose la doublure de l'envers.

Si l'on voulait donner beaucoup plus de richesse à ce décor de croisée, on pourrait mettre des glands à chaque pli, mettre une guirlande en cablé massue et une boucle du même cablé sur chaque pli et une belle cartizanne au bas de chaque gobelet (ces cablés massue sont très-forts au milieu de leur longueur et très-fins à leur extrémité pour ne pas faire de gros paquets à leur naissance, sous la cartizanne.

Cette draperie peut se faire sans bordure, mais alors on donne plus d'arrondi dans le bas du feston, les plis du feston se forment jusqu'en bas ; et, puisque le feston descend plus bas, il faut tenir les tuyaux un peu moins longs pour maintenir à l'œil la même proportion.

Les rideaux ayant de la bordure sur trois côtés, le retour doit être rapporté, afin de ramener la bordure des extrémités sur la face.

Il serait encore très-avantageux pour l'effet de cette croisée de faire traîner les rideaux de 20 à 25 centimètres, et d'y ajouter une belle frange parmentée d'étoffe. Alors cette croisée simple et d'un prix modéré dans son principe devient d'une très-grande richesse, si l'on veut faire la dépense nécessaire pour y arriver.

MÉTRAGES DES ÉTOFFES EN DIFFÉRENTES LARGEURS

DE LA BORDURE ET DE LA FRANGE POUR LA DRAPERIE PLANCHE V

DIMENSIONS des CROISÉES		LARGEUR DES DIFFÉRENTES ÉTOFFES				BORDURES LARGES	FRANGE DE DRAPERIE
		DAMAS de LYON	CRETONNE ou PERSE	SATIN ou reps de soie	RÈPS LAINE damas des Indes		
Hauteur	Largeur	54	80	120	140	20	14
3 »	1.50	4.40	3.40	1.75	1.50	4.20	4.50
3.50	1.75	5.10	3.80	2.25	1.90	4.75	5.20
4 »	2 »	5.70	4.50	2.70	2.30	5.30	5.80

Si la large bordure était supprimée ou remplacée par une plus petite qui serait simplement appliquée sur l'étoffe de la draperie il faudrait ajouter aux emplois désignés ci-dessus.

1 mètre 40 centimètres d'étoffe en 54 centimètres.

1	—	00	—	—	80	—
0	—	70	—	—	120	—
0	—	70	—	—	140	—

Les suppléments que nous indiquons ici sont toujours applicables aux métrages des doublures avec 10 p. 0/0 en plus parcequ'elles doivent toujours être coupées moins justes que l'étoffe.

PLANCHE VI

(2e Série)

CROISÉE STYLE RENAISSANCE

Cette croisée offre de sérieux avantages; elle est peu coûteuse relativement à sa richesse; nous avons fait cette composition pour être exécutée en *tapisserie savonnerie* de la maison BERCHOUD et GUERREAU (1), ainsi que les panneaux de tenture qui l'accompagnent. Nous avons très-peu vu d'ensemble plus satisfaisant que cette décoration; et quoique nous répétions rarement la même composition dans les travaux que l'on nous confie, sur les demandes qui nous ont été faites, nous l'avons exécutée plusieurs fois en différents styles et différentes étoffes, car le style dans le décor de cette croisée est principalement dans la galerie, laquelle doit toujours être, dans les contours du bas, conforme à celle représentée par notre dessin. C'est-à-dire qu'elle doit avoir sur les côtés une forme arrondie pour faire suite aux contours du lambrequin, et ces parties arrondies de la galerie doivent se joindre à un ornement quelconque assez important pour garnir les côtés de la croisée, ce qui peut se faire dans tous les styles.

Le lambrequin ici a très-peu d'importance comme étoffe. C'est la frange qui occupe le plus d'espace; cette frange, de M. GUÉRINOT (2), également en point de tapisserie, s'harmonise parfaitement avec la tapisserie de MM. BERCHOUD et GUERREAU. Le coloris des dessins artistement combinés sur des fonds bien choisis, cet heureux assemblage monté sous une galerie bois noir et bronze doré ou quelques parties dorées, font un décor à la fois riche, sévère et gracieux.

(1) Maison Berchoud et Guerreau, rue du Mail.
(2) M. Guérinot, inventeur, rue Saint-Honoré, 73.

Nous signalons l'un des avantages de cette composition, due à une difficulté qui se présente trop souvent dans les constructions modernes.

On nous demandait une belle garniture de croisée ; nous n'avions que très-peu d'espace entre l'ouverture de la fenêtre et la corniche ; l'embrasure n'était pas assez profonde pour que (malgré le retour assez important de la galerie) les battants de la fenêtre puissent s'ouvrir sans atteindre le décor, car la fenêtre s'ouvrait un peu au-dessous des petites lignes droites du lambrequin : nous avons dû chercher le moyen de laisser passer la fenêtre sans qu'elle puisse rien déchirer ; c'est pourquoi nous avons adopté ce dessin assez original que nous proposons à nos lecteurs en pareil cas.

Dans un salon où les siéges meublants étaient recouverts en tapisserie d'Aubusson et les siéges capitonnés de coin de feu recouverts en damas de soie, nous avons fait les rideaux de la croisée en damas et le lambrequin avec la même tapisserie ornée de frange chenille imitant le point de tapisserie. Par ce moyen, nous avons harmonisé à peu de frais les meubles avec les croisées. Ce qui nous a valu de nombreuses félicitations sur l'ensemble de cet ameublement.

Les brins de cette frange étant chacun d'une grosseur de 1 centimètre environ, il faut qu'ils soient proportionnellement distancés sur la tête, suivant les contours du lambrequin, pour qu'ils retombent juste à leur place en se joignant bien les uns à côté des autres, afin qu'ils reproduisent le dessin qu'on a voulu faire : en conséquence, il faut donner au passementier un patron exact des contours qu'on veut faire suivre à cette frange ; car il serait impossible de la faire contourner si elle était préparée pour être droite dans le haut. Il n'en est pas de même pour le bas de cette frange : on fabrique les brins de la longueur que l'on veut : on peut, par conséquent, sur une partie droite dans le haut donner au bas tous les contours que l'on voudra pour en faire un lambrequin.

Le gland des jeux de cablés qui forment chute doivent avoir la jupe en frange assortie à la frange du lambrequin.

Nous ne croyons pas nécessaire de donner de métrages de passementerie ni d'étoffe pour cette planche.

PLANCHE VII

DEUX CROISÉES AVEC DRAPERIES A COULANTS

GENRE STYLE DU PREMIER EMPIRE

La croisée largement drapée est incontestablement la plus riche des décorations : ce genre a été poussé à l'exagération sous le premier Empire et sous Louis XVIII. Il n'y avait alors que la haute aristocratie qui décorait ses appartements, lesquels étaient de grandes dimensions. Là ces grandes draperies faisaient toujours bon effet, malgré des ampleurs surabondantes. Les étoffes que l'on employait étaient presque toujours du 15/16, c'est-à-dire un taffetas grande largeur et que l'on doublait rarement. On pouvait alors se permettre de ne couper les draperies qu'approximativement justes, l'ouvrier villier drapait les festons comme il l'entendait : une grande partie de l'étoffe était cachée sous les emplissages ou derrière les ornements ; c'était dans les habitudes, cela passait. On est plus positif aujourd'hui ; on aime à voir toute l'étoffe employée et on ne permettrait plus de remplier une grande partie des étoffes derrière les ornements ; du reste, il y aurait un obstacle très-grand à cette manière de faire. Non-seulement aujourd'hui on emploie des étoffes plus épaisses, mais les draperies sont toujours doublées et contre-doublées de finette et de molleton. De cette manière, on comprend que la draperie doit être coupée juste pour ne pas obstruer les emplissages. Alors les draperies deviennent plus applicables aux ameublements modernes, en raison de ce qu'elles peuvent se faire dans de plus petites proportions, sans cesser d'être gracieuses et très-meublantes : il est donc évident qu'il faut se servir des principes de coupe démontrés dans le *Manuel géométrique du Tapissier*, qui donne tous les moyens d'exécuter exactement et avec économie toutes les draperies imaginables. (*Voyez les développements de la série des draperies dans le Manuel géométrique du Tapissier.*)

Dans les ameublements riches, lorsque les siéges meublants sont recouverts en lampas grands dessins, nous faisons la draperie seulement en lampas, les rideaux sont en satin uni avec un encadrement soit de dessin tissé avec l'étoffe, soit de bordure rapportée sur le satin. Le lambrequin de la première croisée peut être en satin ou en velours de soie uni ou brodé, et dans le milieu on peut, en changeant les contours de la passementerie, broder le chiffre ou les armoiries du client. Quant à la préparation de ces draperies, nous l'avons déjà décrite dans la première série et principalement dans le *Manuel géométrique du Tapissier*.

L'importance des draperies de ces deux types exige deux rideaux de mousseline qui se croisent aux deux tiers de la largeur dont la maison LEPELLETIER (1) possède une riche collection en tous genres. Nous conseillerons de préférence ici des rideaux de tulle avec application dont cette maison nous fournit ordinairement les types pour nos dessins ; l'exiguïté ne nous permet pas ici de donner l'idée de la richesse de leurs compositions. Le miroir et la console sont des types appartenant à la maison FILLETTE (2).

(1) Maison Lepelletier, fabricant de broderies, rue Saint-Fiacre, 5
(2) Maison Fillette, dorure et miroiterie, rue Amelot, 64.

MÉTRAGES DES ÉTOFFES EN DIFFÉRENTES LARGEURS

ET PASSEMENTERIES POUR LES TYPES Nᵒˢ 1 ET 2 DE LA PLANCHE VII

DIMENSIONS des CROISÉES		LARGEUR DES DIFFÉRENTES ÉTOFFES				PASSEMENTERIES		
		DAMAS de LYON	CRETONNE ou PERSE	SATIN ou reps de soie	DAMAS DES INDES ou reps	GRANDE FRANGE	PETITE FRANGE	GÉROLINE
Hauteur	Largeur	54	80	120	140			
DRAPERIE DU TYPE Nᵒ 1								
3 »	1.50	6.50	4.30	3.15	2.50	4.50	2.30	7.40
3.50	1.75	8.55	6 »	4.20	3.50	5.50	2.70	9 »
4 »	2 »	10.85	7.60	5.30	4.40	6.50	3 »	10.30
DRAPERIE DU TYPE Nᵒ 2								
3 »	1.50	5.80	4 »	3 »	2.50	5.20	1.90	7.10
3.50	1.75	7.75	5.60	4 »	3.20	6.10	2.10	8.50
4 »	2 »	10.10	7.20	5.20	4 »	7 »	2.40	9.60

NOTA. — On peut supprimer la géroline dans les draperies en mettant une belle tête à la frange.

PLANCHE VIII

CROISÉE A LAMBREQUIN STYLE GREC

Cette croisée, composée pour un salon-bibliothèque, est très-meublante dans sa simplicité. Sa galerie surtout, en bois noir avec filets sur les grosses moulures et les gravures en vermillon, est d'une gracieuse sévérité; le lambrequin, étant correctement fait, a également bien son mérite, mais il faut une grande rectitude de ligne pour ce genre de travail ; les anglés doivent être corrects, sinon cette composition devient ridicule dans l'exécution. Nous avons indiqué toutes les précautions à prendre pour l'exécution de la cantonnière pl. VII, première série ; quoique ce lambrequin n'ait pas la même importance comme dimension, il faut opérer de la même manière pour réussir.

L'emploi de l'étoffe est insignifiant pour ce décor. Nous ferons remarquer que nous avons mis une crête-galon aux contours extérieurs et sur la tête de la frange ; ce galon, d'environ 4 centimètres de large, est mélangé de filets noirs sur la couleur du fond de l'étoffe pour alléger l'effet des contours, qui serait peut-être un peu lourd sur un si petit espace. Le dessin grec des filets est fait avec un galon de velours de 1 centimètre de large environ. Les petites palmettes du milieu et des côtés sont, comme nous l'avons déjà dit, en velours découpé, collées et cousues à leur place.

Les panneaux de tenture dessinés de chaque côté de la fenêtre peuvent être en même étoffe que les rideaux, et l'on peut y faire des applications rappelant celles du lambrequin.

Le métrage de l'étoffe étant ici sans importance, nous indiquons simplement le métrage des galons.

La chaise demi-légère du même style est un modèle de la maison Pecquereau.

MÉTRAGES DE GALONS ET PASSEMENTERIES POUR LA CROISÉE

PLANCHE VIII

Hauteur. . . .	3	3.50	4
Galons passementerie (les retours encadrés). . .	6.10	6.70	7.30
Frange tête coton en 12 ou 14 cent.	2.60	2.80	3 »
Galons de velours en 1 cent. cadre sur le retour. .	9 »	10.40	11.50

PLANCHE IX

GRANDE CROISÉE A QUATRE VENTAUX ET IMPOSTES
STYLE LOUIS XIV

Quand nous parlons du style Louis XIV en matière de décor du tapissier, nous n'entendons pas donner un modèle du temps. Les draperies dans ce temps-là ne se faisaient qu'en peinture ou sur les tapisseries des Gobelins ou autres; notre industrie ne possède que des types originaux de très-peu d'importance pour décoration de lit et croisée, dont quelques lambrequins et peu de draperies. C'est sous ce règne que l'on a fait les premières franges à *graines d'épinards*, imitées plus tard par les franges retorses et guipure.

Nous avons cependant beaucoup de dessins faits pour les tapissiers de cette époque, mais ces dessins n'ont toujours été que des projets de dessinateur ou d'architecte qui, comme à notre époque, font des dessins très-beaux peut-être, mais le plus souvent impossibles à exécuter.

Si nous nous permettons de donner le nom d'un style à un chiffonnage quelconque d'étoffe, c'est que les contours de ce chiffonnage sont tracés dans l'esprit du temps que nous indiquons: de même on fait des meubles nouveaux dans tous les styles.

Ainsi, dans la somptueuse croisée double dont nous donnons ici le dessin, les élégants contours de la galerie, ses guirlandes, ses ornements gracieux, s'allient parfaitement avec le lambrequin qui se relève en draperie sur les côtés; cet ensemble rappelle dans sa conception l'esprit du siècle des grandes choses.

Pour le lambrequin qui garnit le milieu, la passementerie se lie avec la broderie pour faire l'ornementation, qui peut être plus ou moins riche. Cette composition était destinée à recevoir un blason à deux écussons, mais nous avons dû les supprimer ici.

L'exécution de cette décoration est très-simple: tous les principes de la coupe se trouvent dans le *Manuel géométrique du Tapissier*.

Ce décor de croisée double étant susceptible d'énormes variations, nous ne faisons pas de tableaux de métrage.

PLANCHE X

LIT A CHASSIS DRAPÉ ET TÊTE FLAMANDE

Le lit que nous représentons par cette planche X a beaucoup de rapport comme draperie, avec le type de la croisée représentée planche IV de cette 2ᵉ série; ici la garniture change l'aspect, les bavolets plus légers de style quoique plus volumineux que la frange, ne sont pas plus lourds à l'œil, s'ils sont faits dans les conditions suivantes et que nous avons déjà indiquées bien des fois par des exemples différents.

Les bavolets des festons principalement doivent être gradués de hauteur et d'ampleur suivant la courbe plus ou moins prononcée de leur contour, leur hauteur doit être bien plus importante dans la partie du bas du feston que sur les montants ou l'ampleur doit être diminuée au fur et à mesure que le contour se dresse verticalement.

Le bavolet qui garnit le bas des plis ou tuyaux qui séparent les festons, doit avoir une certaine ampleur sur la face et peu de hauteur, de manière à bien dégager la réunion des festons avec les plis.

Ces bavolets se coupent de plusieurs manières, la plus usitée est celle qui consiste à couper l'étoffe en biais d'une largeur uniforme, de répartir l'ampleur suivant l'observation que nous avons faite plus haut (en ce qui concerne les festons), et; une fois cousus, à régler la hauteur que l'on veut donner à chaque partie; cette manière est la plus simple mais elle n'est pas la plus correcte.

La manière la plus correcte est celle-ci ; développer les bavolets par la méthode des parallèles qui permet de déterminer l'ampleur et les hauteurs très-régulièrement. Le résultat donné par le développement des parallèles s'applique également sur l'étoffe en biais.

Nous devons faire remarquer que les bavolets coupés par les deux méthodes qui précèdent ont autant d'ampleur dans le haut que dans le bas; et que, le plus grand défaut de tous les bavolets est toujours la quantité d'étoffe qui se trouve naturellement cousue sur le bord des rideaux ou des draperies ce qui fait toujours beaucoup d'épaisseur.

On évite cet inconvénient en coupant le bavolet par des courbes concentriques comme il est démontré pour les rideaux, planches XXI et XXII du *Manuel géométrique du Tapissier*, 2ᵉ édition.

Nous donnons des exemples de coupe concentrique de bavolets de draperies, planches XXIV-XXV de la 3ᵉ édition du même ouvrage. Par cette méthode, le haut du bavolet étant d'une moins grande étendue que le bas il y a très-peu ou pas d'ampleur à coudre, tandis que la plus grande courbe formant le bas du bavolet fournit beaucoup plus d'ampleur, les bavolets exécutés de cette manière dépensent plus d'étoffe que les autres, mais leur exécution ne laisse rien à désirer, si elle est bien comprise. Nous avons exécuté ce lit avec de la perse tel qu'il est représenté avec des bavolets partout, le haut et le bas des gobelets des têtes étaient garnis de petites ruches ainsi que le bord des rideaux : tout cela quoique très-garni n'était pas lourd, mais nous avions fait nos bavolets par des courbes concentriques, de sorte que nos bavolets étaient suffisamment amples sur les bords et presque sans ampleur dans le haut. On peut avec de grands avantages comme façon, remplacer tous ces bavolets par une frange à trois boulots surtout maintenant que l'étoffe perse est remplacée par la cretonne qui rend de moins bons effets dans toutes ces garnitures.

Les indications de métrages qui suivent sont sujettes à bien des variations d'après les dispositions que l'on voudrait adopter. Nous avons séparé le métrage des draperies de celui des bavolets, et nous avons indiqué le développement des contours du bas des grandes et des petites draperies du haut, afin de pouvoir calculer les différents métrages de grandes et de petites franges destinées à remplacer les bavolets dont le métrage est donné pour la cretonne ou la perse qui ont 80 centimètres de large. Nous supposons naturellement un grand lit pour recevoir une décoration semblable et il est certain que l'on ne l'exécuterait pas à une hauteur moindre que 3 mètres 50 centimètres quoique nous indiquions le métrage des emplois pour 3 mètres. Le châssis ou ciel de ce lit est relativement d'assez grande dimension, sa forme moins les élévations des côtés est celle du châssis représenté planche XXXIX du *Manuel géométrique du Tapissier*, nous lui supposons 1 mètre 80 du derrière, et de 1 mètre 20 à 1 mètre 30 de profondeur selon la largeur du lit.

MÉTRAGE DES ÉTOFFES		HAUTEUR DU CHÂSSIS		
EN DIFFÉRENTES LARGEURS POUR LA DRAPERIE DU LIT PLANCHE X		3	3 50	4
DRAPERIE — Damas de Lyon . . 54		11.20	16 »	20.50
Cretonne ou Perse. . 80		8.50	11.30	14.20
Reps soie ou satin. . 1.20		6.25	7.30	9.30
Damas des Indes. . . 1.40		5.25	6.90	8.50
Bavolets des draperies étoffe en 80 coupés simplement en biais.		3.30	3.80	4 »
Les mêmes bavolets coupés par des courbes concentriques.		3.90	4.50	4.80
Petites garnitures telles que ruche, têtes des gobelets petites rosaces, etc.		1.20	1.25	1.30
6 Lés de rideaux mesures correspondantes		18.50	21.40	24.30
Bavolets de rideaux coupés en biais.		3 »	3.25	3.40
Bouillonné et tête du bavolet.		1.50	1.70	1.90
Bouillonné et tête du bavolet coupé par les courbes concentriques.		3.75	4 »	4.15
Fond de lit 4 lés coupés à 50 cent. de terre.		10 »	12 »	14 »
Jeté de lit 4 lés coupés sur 240..		9.60	9.60	9.60
Bavolets et bouillonnés		1 40	1.40	1.40
Contours du bas des grands festons pour frange ou géroline.		11 »	12.25	14 »
Contours du bas des petits festons pour frange ou géroline		3 »	3.50	4 »
MOUSSELINE				
1 Lit complet composé de deux rideaux de droite et de deux rideaux de gauche.				
1 Grand couvre-lit.				

(Dans la colonne DRAPERIE, la mention « Largeur des lés » figure verticalement en regard des quatre premières lignes.)

MESURE DE L'ÉTOFFE POUR LE CIEL DU LIT PLISSÉ

DE LA PLANCHE X

	LARGEUR DES DIFFÉRENTES ÉTOFFES				
	54	80	130	140	160
Châssis de 120.	7.60	5.50	4 «	4 »	3.20
Châssis de 130.	8.10	6 «	4.30	4.30	3.40

PLANCHE XI

CROISÉE DOUBLE CINTRÉE AVEC CANTONNIÈRES

EN TAPISSERIE D'AUBUSSON, STYLE LOUIS XIV

Les cantonnières sont la plus riche décoration que l'on puisse faire pour une croisée, mais il faut comme nous l'avons déjà dit de grandes dimensions et que le décor ne se trouve pas gêné par l'ouverture des fenêtres. Ce qu'il y a de plus important dans la composition de ces cantonnières c'est la proportion dans les contours qu'il ne faut jamais sacrifier à la composition du dessin, ce qui arrive presque toujours, parce que l'artiste dessinateur ne voit que sa cantonnière lorsqu'il fait son modèle, l'ensemble du décor de la croisée lui importe peu, et trop-souvent aussi le tapissier ne veille pas assez à ces importants détails; quand le décor de la croisée est en place on peut admirer la beauté de la tapisserie mais il ne reste plus rien à la louange du tapissier qui est considéré comme l'auteur d'une décoration où rien ne séduit l'œil par le manque de proportion et souvent même par les contre-sens des contours obligés plus connus du praticien que de l'artiste. Dans ce cas nous engageons nos confrères à tenir bon, à donner eux-mêmes les contours extérieurs des cantonnières dans le cas d'une commande de ce genre. Messieurs les fabricants de tapisserie repoussent quelquefois nos idées mais nous avons parfaitement le droit de modifier les leurs. L'ensemble doit prévaloir sur le détail quel qu'il soit.

Les cantonnières en tapisserie d'Aubusson ou autres, sont presque toujours composées d'un fond blanc ou de couleur tendre comme vert d'eau très-clair et encadrées d'un champ de couleur meublante, telle que cramoisi cerné par des joncs or ou des petits ornements formant un filet entre le fond principal qui est orné de fleurs et le champ uni. Lorsque ces cantonnières sont commandées par nous, nous composons notre dessin de manière à ce que la crête ou géroline s'accorde avec le champ d'encadrement pour former des contours qui aient leur raison d'être, de sorte que l'un fait valoir l'autre comme on peut s'en rendre compte par le dessin de cette planche X.

Comme l'aspect des cantonnières est toujours un peu sec à l'œil, nous mettons toujours des rideaux d'étoffe dessous sans préjudice des rideaux ou stores en mousseline, ou tulle brodé avec application. Ces rideaux d'étoffe sont toujours en soie ; si les couleurs de la cantonnière sont d'un ensemble très-meublant nous mettons les rideaux d'étoffe ou damas des Indes d'une couleur écrue ou blanc de crême. Si au contraire les couleurs de la cantonnière sont d'une harmonie trop douce à l'œil, les rideaux de dessous devront-être la partie meublante comme couleur ; au lieu d'écraser les effets de la cantonnière comme on pourrait le craindre, ils la feront ressortir de concert avec la galerie en bois doré, qui encadre la partie cintrée.

La tapisserie d'Aubusson n'a pas seule la prérogative de faire de jolies cantonnières ; l'anecdote suivante en donnera une idée. Ayant accepté l'invitation de passer quelques jours chez un confrère et ami qui habitait la province. Nous lui avions déjà tracé plusieurs décors pour ameublement. Les siéges du petit salon de cet hôtel devait être couverts de petits lampas à bouquets et la croisée garnie de rideaux blancs, sous une galerie bois doré; le tout était disposé lorsque mon confrère reçoit une lettre qui lui donne l'ordre de faire dans un bref délai une très-belle décoration pour cette croisée, il ne restait que très-peu d'étoffe; n'ayant pas le temps de faire de cantonnière en tapisserie. L'embarras était grand, car on avait peu de ressources. Nous avons rassemblé tous les lambeaux de lampas qui restaient des meubles et nous avons tracé une cantonnière avec d'énormes champs tout autour, que nous avons faits avec du satin noir uni; et, comme les tapissiers de province sont toujours munis de passementeries mélangées de plusieurs couleurs, nous avons pu faire des contours gracieux pour encadrer ces champs, de sorte que cette cantonnière (dont la composition ressemblait à celle-ci) est devenue la plus belle décoration de croisée de tout l'hôtel.

PLANCHE XII

PLAN ET ÉLÉVATION DE L'AMEUBLEMENT ET DU DÉCOR D'UNE CHAMBRE DE JEUNE DEMOISELLE

Nous supposons ici la chambre d'une jeune demoiselle de treize à dix-huit ans, décorée comme on le voit d'une tenture murale disposée par panneaux de mousseline plissée sur un transparent peint, encadrés par des champs en étoffe légère, telle que soie unie ou autre, à petits capitons soutachés et bordés de ganse. L'aspect de ce décor est tranquille à l'œil; ces lignes simples et légères, les effets de transparence du dessin à travers la mousseline unie et plissée sont enfantins. Ce n'est pas sans raison que nous avons évité les nœuds de rubans et les colifichets, qui ne con-viennent qu'à la coquetterie qui n'est pas de cet âge, quoique tout y soit très-recherché, l'ensemble est très-simple. Le plafond est tendu comme les murs et peut être disposé comme l'indique le dessin fait par moitié, il se compose d'un ovale et de quatre écoinssons entourés de champs capitonnés et soutachés comme ceux de la tenture. Un pan coupé en mousseline sur transparent remplace la corniche, et au bas de ce pan coupé est un petit bandeau froncé qui recouvre le haut de la tenture. Pour qu'il n'y ait aucune interruption dans le décor, la glace de la cheminée est surmontée d'une draperie dont les chutes qui retombent chaque côté tiennent lieu de cadre. Le lit de coin est garni de rideaux bonne grâce avec une petite draperie formant entre-deux, tout l'intérieur est en mousseline brodée très-légèrement, le ciel du lit est également formé d'une mousseline plissée en soleil sur un dessin peint à l'avance sur la percaline tendue du châssis, le dessus du lit est un jeté en mousseline brodée assortie aux rideaux.

La croisée est en rapport avec le lit mais comme on ne peut pas mettre des rideaux bonne grâce à une croisée de chambre à coucher, la draperie tient toute la largeur de la fenêtre sur une galerie en bois blanc. La tête des draperies et des rideaux portières est garnie de ruches surmontées de petits gobelets au-dessus de chaque pli et froncées dans l'intervalle de chaque gobelet.

L'ameublement de cette chambre est composé comme on le voit de la couchette, d'une armoire à glace qui pourrait être avantageusement remplacée par un chiffonnier, d'un petit bureau de travail, d'une table de nuit, d'un prie-dieu, d'une petite chaise-longue, d'une chauffeuse et de quatres petites chaises légères.

Nous ne pensons pas devoir donner ici de tableau de métrage pour les étoffes parce qu'il serait difficile d'avoir à décorer de cette manière une pièce dont les dispositions et les mesures soit identiquement les mêmes que notre dessin.

Les moyens d'exécution pour cette décoration sont simples, mais ils exigent de très-grands soins surtout dans la prise des mesures.

Un plan rigoureusement fait à l'échelle de proportion facilite énormément les différentes opérations du travail; car ce n'est qu'avec cette précaution qu'on peut mettre en pratique cette maxime. *Avant de mettre le premier clou il faut savoir comment on mettra le dernier.*

Nous rappelons ici la méthode que nous avons déjà indiquée pour faire promptement et correctement ce genre de tenture. Les encadrements de panneaux se font ordinairement sur un fort carton ou ce qui est bien préférable sur des feuillets de bois blanc d'une épaisseur d'un centimètre environ et amincis sur les bords. Lorsque ces encadrements sont bien ajustés aux mesures qu'ils doivent avoir, il est prudent de coller (à la colle forte), un bout de toile forte sur les assemblages surtout; ce qui leur donne une très-grande solidité, et de les présenter sur place pour s'assurer de l'ajustement avant de les garnir, ainsi que les quatre châssis qui doivent former pan coupé et le grand châssis du plafond qui sont toujours en bois plus fort. Lorsque tout est bien ajusté on enlève chaque partie, on trace le capitonnage, on perce le bois à chaque capiton et l'on fraise le trou, on met ensuite une couche d'environ 3 centimètres d'épaisseur de bon crin et par dessus ce crin une ou deux couches de ouate sur toute l'étendue. L'étoffe étant disposée avec soin, avec la même quantité de capiton tracé avec l'ampleur nécessaire pour chaque capiton, c'est-à-dire que l'on trace à l'envers de l'étoffe la même quantité de capiton mais un peu plus grand, puis avec un poinçon on perce l'étoffe pour les faire paraître à l'endroit de l'étoffe que l'on pose sur la ouate sans la clouer. Cela fait, on pose la soutache sur l'étoffe en la tendant le plus possible et de manière à ce que chaque partie de soutache, soit parfaitement sur le trait qui a été fait sur le châssis. Maintenant avec un carlet fin, on capitonne en le passant par les trous du châssis et de l'étoffe en faisant passer la ficelle à cheval sur la soutache en serrant un peu. Lorsqu'on ne met pas de boutons, on capitonne avec de la soutache ce qui produit une grande légèreté à ce capitonnage. Ce capitonnage étant fait, on rabat l'étoffe en la clouant juste au bord si l'on met une petite géroline dont les dents se découpent sur la mousseline ; ou, en-dessous du châssis si l'on met une ganse sur le bord.

Lorsqu'on a présenté ou ajusté les encadrements dans la pièce, on a dû tracer l'emplacement des panneaux sur le mur ; la partie nue laissée par les encadrements donne la mesure du panneau qui doit être peint et tendu lisse à la même place. Les panneaux de mousseline (ou plutôt en grenadine qui est plus transparente et plus solide), sont tout simplement froncés haut et bas ayant un tiers d'ampleur au maximun, c'est-à-dire moitié en plus. Les panneaux peints étant cloués, et ceux de mousseline fortement tendus de manière à ce que les plis se multiplient le plus possible et se tenant bien droits et parallèles, on peut fixer dessus les encadrements qui sont ensuite entourés d'un câblé de tenture.

Le châssis du plafond se prépare à peu près de la même manière à l'exception de l'ovale du milieu et des écoinssons dont la coupe de la mousseline doit être développée d'après les principes géométriques démontrés dans notre manuel (voyez ciel de lit plissé).

Nous avons une observation très-importante à faire pour la coupe de la mousseline qui recouvre les pans coupés. Tous les plis de cette mousseline convergent à un seul point, par conséquent ils deviennent plus longs à mesure qu'ils se rapprochent des angles. Pour tracer la coupe de cette mousseline, il faut tracer le pan coupé dans sa véritable mesure à plat sur l'établi ; diviser la ligne du haut et du bas en un nombre quelconque de parties égales mais assez rapprochées : joindre les points correspondants du haut et du bas par des lignes. Ces lignes qui seront bien entendu de plus en plus longues en partant du milieu, seront un guide certain pour tracer le développement de la mousseline en continuant comme il suit.

Tirez une ligne droite d'une longueur égale à une fois et demie la longueur du haut du pan coupé, divisez cette ligne en autant de parties égales que vous avez divisé le haut et le bas du premier tracé, de chacun des points de division de cette ligne (qui représente le droit fil de la mousseline qui doit être froncée au haut du pan coupé) abaissez des perpendiculaires dont la longueur sera donnée par la mesure des lignes correspondantes tirées du haut en bas du premier tracé, l'extrémité de ces perpendiculaires détermineront le passage du trait de coupe qui forme une courbe. Si l'on fronce très-régulièrement chaque partie du haut et du bas on aura un plissage régulier.

En donnant ce type, nous avons pensé que beaucoup de nos lecteurs pourraient tirer parti de cette idée, applicable en bien des circonstances.

FIN DE LA DEUXIÈME SÉRIE

Paris. — Imprimerie Dufour, faubourg Saint-Antoine, 153.

9 782329 730639